AF231375

Lettre à la jeunesse

Rama Yade

Lettre à la jeunesse

essai

BERNARD GRASSET
PARIS

« *Je veux de l'amour, de la joie,
de la bonne humeur. Ce n'est pas
votre argent qui fera mon bonheur.
Moi, je veux crever la main sur le
cœur. Allons ensemble découvrir ma
liberté. Oubliez donc tous vos clichés. Bienvenue dans ma réalité.* »

Zaz

Jeunesse de France,

La dernière personnalité politique qui vous ait parlé est Jacques Chirac. C'était pour vous dire son incompréhension.

« Je ne vous comprends pas »

14 avril 2005. Nous sommes en pleine campagne pour le référendum sur la Constitution européenne. Pour l'occasion, la télévision réunit autour de Jacques Chirac un

échantillon représentatif, comme on dit, de notre génération. J'attends l'émission avec impatience. Nous allons enfin nous exprimer. Nous allons parler au Président de la République, l'homme le plus puissant de France, lui dire la vérité d'une jeunesse française qui doute. Avec passion, il nous parle des valeurs de l'Europe et de ses principes généraux, ce que nous, les jeunes, sommes naturellement les mieux placés pour comprendre, ayant grandi avec Erasmus. Voilà que la conversation, soudain, dérape. Julie, 23 ans, caissière dans un supermarché malgré un BTS d'action commerciale, se plaint de ne pas trouver de travail stable. Le Président, tout à son ode à l'Europe, déclare, déplorant le pessimisme de l'échange qui s'ensuit : « Je vais vous dire, très franchement, je ne le comprends pas. » On y a vu une confirmation de ce que toute une jeunesse française pressentait. Les élites de France ne la comprenaient pas.

Ce jour-là, plutôt que de rester passive, je commence à penser à m'engager en politique, mais d'abord à voter… « non » à ce Traité qui passait à côté des préoccupations des jeunes. Non à cette direction européenne « bruxellisée » qui ne voulait pas comprendre que, parce que nous étions europhiles, n'ayant connu que l'Europe, nous attendions quelque chose d'elle et pas seulement des traités. Je fais partie de ces 56 % de jeunes qui ont dit « non ».

L'aveu de Jacques Chirac n'était que la reconnaissance du fossé largement commenté entre les jeunes Français et les élites dirigeantes.

Personnellement, ma passion pour la politique et ma formation à Sciences-po m'avaient offert un point de vue privilégié sur la vie politique nationale. Pourtant, je ne votais que lorsque mes parents m'obligeaient à le faire. Sans enthousiasme aucun d'ailleurs. J'ai longtemps voté… blanc.

Je crois que la première fois que j'ai voté pour quelqu'un, c'était lors du premier tour de l'élection présidentielle de 2002. Etant ressortissante d'une banlieue dite populaire, j'étais, bien entendu, sommée de voter à gauche. Le problème, c'est que, lors de cette

campagne, j'ai entendu le candidat socialiste, Lionel Jospin, dire à des ouvriers en
pleurs que l'Etat ne peut pas tout. Ah ouais ?
Pourquoi t'es candidat, alors ? Ce jour-là, je
comprends que je ne serai pas socialiste. Je ne
pouvais pas non plus voter pour les sortants
parce que je trouvais qu'il fallait du changement. Ni communiste, parce que j'avais
assisté à l'âge de 12 ans à la chute du Mur de
Berlin et à l'effondrement de l'Empire sovié-
tique. Et puis, les communistes disaient des
choses sur l'économie qui ne me semblaient
vraiment pas crédibles. Mme Taubira avait
porté, l'année précédente, la loi reconnaissant
la traite et l'esclavage comme crime contre
l'humanité (à l'époque, c'était un sujet qui me
faisait beaucoup réfléchir) : alors, va pour la
meilleure oratrice de l'Assemblée nationale !
Ma sœur, l'autre jeune majeure de la fratrie,
votait, elle, en fonction de la tête des candidats : elle a voté Chirac, en souvenir de sa
beauté dans ses jeunes années. Il paraît que,
comme moi, à cette époque, vous étiez (et vous
l'êtes restés) deux tiers à ne faire confiance ni
à la gauche ni à la droite.

Bref, nous n'étions pas très sérieuses, car nous ne prenions pas les politiques au sérieux, sauf exception. Et l'exception se nommera… Chirac. Retour à la case départ. Il faut dire qu'avec l'irruption de Le Pen au second tour de cette même élection, j'ai été priée, avec l'ensemble des républicains, de participer au sauvetage de la République en votant pour le Président sortant et de barrer la route à son adversaire. Sans illusion toutefois, car je ressentais une certaine exaspération à voir les bien-pensants accuser le peuple d'avoir été négligent, d'avoir voté pour des petits candidats et, au fond, d'être le vrai responsable de ce funeste 21 avril. Pour moi, qui n'en voulais ni à Le Pen (qui s'était contenté d'être efficace) ni aux Français (qui avaient simplement dit leur vérité à un moment donné de leur histoire), il revenait plutôt à la classe politique de se remettre en cause. Dans ses comportements. Dans ses méthodes. Dans sa manière d'appréhender le débat d'idées.

Gauche festive et droite patrimoniale

Avant Jacques Chirac, il y avait Jack Lang, le dernier à avoir parlé à la jeunesse. Ah ! Jack ! Il est sympa Jack ! Tout le monde l'aime... même nous ! Il reste l'homme politique le plus populaire de notre génération. Oui, vous avez bien entendu. L'homme le plus populaire chez les jeunes ! Voir Jack, c'est voir la Fête de la musique, c'est entendre qu'en 1981 la France entre dans la lumière et que l'espoir était en marche (rien que pour ça et telle que je me connais, je suppose que j'aurais voté Mitterrand), c'est voir la culture urbaine au pouvoir, les radios libres (ah ! le Doc de Fun Radio, qui a fait mon éducation sexuelle, dans le secret transgressif de ma chambre au 16e étage de ma tour), les tags érigés en art, et, plus tard, un ministre de l'Education nationale qui choisit de ne pas réformer pour faire plaisir aux jeunes. Que du bonheur ! La gauche festive, quoi ! Elle a même fait oublier aux plus jeunes d'entre vous que c'est un homme de la droite libérale, Valéry Giscard d'Estaing, qui vous a accordé le droit de vote dès 18 ans ! Ce sera donc Lang et les promesses de la « génération Mitterrand » ! Question : comment se fait-il que l'homme politique que les plus jeunes plébiscitent soit un homme qui, quelles que soient ses qualités, n'appartient pas à votre génération ? La mémoire des temps heureux ! Le souvenir de moments qui offraient une perspective à la jeunesse française ! La nostalgie. Oui, la jeunesse française vit dans la nostalgie d'une époque qu'elle n'a pas connue. Par procuration. Comme un passage obligé. Lang ou le totem rose.

Et puis il y a Dany. On aime aussi Daniel Cohn-Bendit. Parce que lui, il a fait une révolution que nous sommes incapables de faire.

Ah ! Mai 68 ! Moi-même, au cœur de la droite dite « décomplexée », instinctivement, je vois une révolte étudiante dont le romantisme fait sourire. Je vois aussi la libération des mœurs qui a permis aux jeunes, notamment les filles, de s'affranchir des carcans traditionnels.

Je vois la grève générale, les poings levés, l'occupation des usines qui signent l'émancipation ouvrière. J'entends ce grand souffle de liberté qui traverse une France qui s'ennuie. Je vibre de révolte devant cette guerre du Vietnam qui ébranla toutes les jeunesses du monde. Dans cette France-là, on disait qu'il était interdit d'interdire. Le rock, les Beatles, le twist : ils rigolaient bien, nos pères soixante-huitards. Depuis quelques années déjà, la Nouvelle Vague avait tout emporté : Godard, Truffaut, on leur envie tant de génie cinématographique que les filles et les garçons aux cheveux longs allaient admirer avant d'aller saluer les copains dans des surboums où la pilule contraceptive permettait tout, tout de suite. Sans peur ni reproches. Tout cela donne envie d'en avoir été. Tout cela, nous le devons aussi au Totem rouge.

Quel contraste avec nous ! La génération d'aujourd'hui ne jouit plus tant il y a d'entraves. Le sida hante ses nuits. Licences de lettres en poche, les jeunes attendent, en vain, à la porte des facultés que les entreprises viennent les y chercher. Alors, va pour Dany !

Car, si eux chantaient pendant les Trente Glorieuses, vous, dans le creux des Trente Piteuses, vous ne dansez pas. « La société m'emmerde, j'emmerde la société », disaient les moins audacieux de la jeunesse effrontée de Mai 68 avant de fuir au Népal, découvrir les charmes du bouddhisme. Vous, vous ne pouvez plus emmerder la société. Car elle vous tient. Et le Népal, depuis, n'est plus synonyme d'exotisme, mais la hantise de nos jeunes consciences fatiguées.

Alors, va pour Dany ! Va pour la nostalgie de ceux qui n'en ont pas été. Va pour Europe Ecologie ! Vous lui avez donné, aux dernières élections européennes et régionales, le maximum de vos voix ! Pendant que moi-même, je faisais le choix inverse de la droite.

Justement, et la droite ? Elle, elle n'est pas réputée pour être proche des jeunes. Non pas qu'elle soit systématiquement conservatrice, non, sinon, je ne m'y serais pas engagée. Non pas qu'elle se désintéresse des jeunes, sinon elle n'aurait été pas été à l'origine du service civique ou de l'autonomie des universités. Mais, dit-on, la droite est patrimoniale : elle s'adresserait à ceux qui ont un patrimoine, généralement plus âgés. Le bouclier fiscal, ce serait pour eux, et non pour les jeunes, ces Gavroches sans le sou, dont le patrimoine ne constitue que 1,5 % de leurs revenus, et qui, en plus, quoi qu'on fasse, ne votent pas ou alors pour la gauche. A défaut de leur offrir un avenir, au moins, elle les distrait. On a appris à se contenter de peu, quand on est un jeune Français !

Aussi trouverez-vous qu'il y a un certain paradoxe à ce que s'adresse à vous une personne qui, comme moi, incarne le pouvoir, ce pouvoir politique que, traditionnellement, vous contestez. Peut-être. Au-delà des clichés, autorisez-moi, malgré tout, cette incursion dans votre génération, pas si éloignée de la mienne, tout simplement parce que nous allons grandir ensemble.

De toutes les façons, entre l'ex-gauche festive qui veut coûte que coûte que vous vous amusiez pour vous détourner de l'essentiel ou peut-être parce qu'elle ne vous prend pas au sérieux et la droite patrimoniale dont on vous dit qu'elle est systématiquement anti-jeunes, il nous faut trouver les moyens de sortir de cette impasse, qui a fini par vous faire perdre patience et confiance.

Vous avez dit classe dangereuse ?

Il faut dire qu'on ne vous voit en « une » des médias que lorsqu'il s'agit de dénoncer vos comportements. Une nouvelle classe dangereuse ? On peut se poser la question tant le jeune est vu comme un drôle d'animal sans intérêt, égoïste et boutonneux. Passif, il passerait sa journée à surfer sur Internet, répondrait par monosyllabes, écrirait phonétiquement, voudrait participer à l'« Ile de la tentation » pour être célèbre. Parce que vous ne seriez pas toujours dignes de confiance, vous devriez être fliqués sur Internet par Hadopi. Vos fêtes suscitent la crainte : ces

« *rave parties* » qui dérapent, ces apéros géants et ces « *flash mobs* » qu'on ne contrôle plus, décidément, ce n'est pas possible de laisser faire. Et la délinquance juvénile ? J'ai failli oublier la délinquance juvénile. En fait, y a-t-il un mot pour désigner la délinquance de ceux qui ne sont pas « juvéniles » ? Je cherche toujours. D'autant qu'avec tous ces problèmes de chômage qui retardent votre entrée dans la vie active, la compétition plus acharnée que jamais qui règne sur le marché de l'emploi, votre adolescence se prolonge. On sent bien que, pour supporter tout ça, il vous faut vous défouler. Oublier l'avenir.

Certes, cette méfiance, et le contrôle social qui en découle, n'ont rien de nouveau. Rappelez-vous des « apaches » du début du siècle dernier. Souvenez-vous des « blousons noirs » des années 50 puis des « loubards » et des « sauvageons ». Aujourd'hui, il y a les « casseurs ». Même les filles s'y mettent. Plus loin encore, il paraît qu'on a trouvé sur les murs de Babylone une plainte gravée il y a plus de 5 000 ans, et qui disait : « La jeunesse d'aujourd'hui n'égalera jamais celle d'autrefois ». Socrate, lui, affirmait que « les jeunes d'aujourd'hui aiment le luxe, sont mal élevés, n'ont aucun respect pour l'autorité et bavardent au lieu de travailler [1]...». Bon, dans ces conditions, on comprend qu'il soit souhaitable de vous surveiller un peu, pour des raisons d'ordre public.

Et la jeunesse politique ? Elle n'est rappelée au bon souvenir du pays qu'en tant que minorité agissante à canaliser (les étudiants qui manifestent le poing levé) ou à contrôler (les jeunes de banlieue, de préférence issus de l'immigration, jeans baggy et boule à zéro). Surmédiatisés, ceux-là sont supposés incarner, dans leur ensemble, les 13 millions de jeunes de 16-32 ans de notre pays. On ne parle jamais autant de vous que lorsque vous occupez les facs, alimentez l'économie souterraine ou brûlez des voitures.

Personnellement, durant ma jeunesse, n'appartenant, comme l'écrasante majorité

---

1. François Bégaudeau & Joy Sorman, *Parce que ça nous plaît, l'invention de la jeunesse*, Larousse, 2010.

des jeunes vivant en proche banlieue, ni à une bande de casseurs ni à l'UNEF, je n'avais guère de chances de passer au JT ou d'être interrogée par quelque journaliste infiltré. Par ailleurs, issue d'une banlieue rouge, j'ai certes tenu les murs de ma cité en compagnie de quelques « zoulous » dont la proximité me procurait un certain frisson entre deux versions latines. Néanmoins, je n'ai jamais brûlé de voitures ni manifesté le moindre esprit de rébellion. Oui, tout à fait… J'avais peu de chances d'être, dans ces conditions, démarchée par une quelconque organisation étudiante, syndicale ou politique. Je me pensais éloignée, de ce fait, de la turbulente et télégénique jeunesse française. Depuis, j'ai réalisé qu'en fait, non : tous les jeunes Français ne sont pas des Loubna Méliane ou des Bruno Julliard en puissance ni des jeunes enragés de banlieues béats devant Tariq Ramadan. Ouf ! J'étais donc normale. Et les gens comme nous qui ne font pas de bruit, c'est bien connu, ils n'intéressent personne.

Et la jeunesse au travail ?

Pourtant, vous ne vous intéressez pas qu'à « Secret Story » et à tenir à jour la comptabilité de vos amis sur Facebook. Vous vous préoccupez certainement de votre avenir, de votre insertion sociale, de votre autonomie, de vos engagements. Après tout, être jeune, c'est vivre cette phase de transition marquée par la recherche de l'autonomie, le passage à l'âge adulte.

Vous êtes aussi la jeunesse au travail.

La jeunesse au travail ? Celle qui est silencieuse, souhaite passer ses examens, veut trouver un travail stable avec un salaire, habiter un logement autonome, fonder une famille.

Mais, voilà, une partie de cette jeunesse-là se trouve être celle dont on rate l'entrée dans la vie active et donc, la vie future. Elle est invisible. La preuve : qui s'attarde sur le record de chômage des jeunes actifs ? Vous êtes ainsi entre 23 %, et jusqu'à 40 % dans les quartiers difficiles, à y pointer. Qui s'étonne que 21 % d'entre vous viviez en dessous du seuil de pauvreté (contre 13 % de l'ensemble de la population) ? Vous êtes plus de un million dans ce cas. Qui rappelle que plus de la moitié de ceux d'entre vous qui êtes au chômage ne perçoit aucune indemnisation chômage (alors que 60 % des demandeurs d'emploi en perçoivent une) ? Qui relève que vous êtes, chaque année, 150 000 à sortir de l'école sans formation ni qualification ?

Sans doute, pour cela, êtes-vous la partie la plus souffrante de la société et donc la plus cachée. Parler de vous, c'est parler des choses qui fâchent.

Du diplôme comme titre de noblesse

Ceci étant dit, la nouveauté depuis 1993, c'est que les diplômés ne sont pas toujours assurés d'un emploi stable. Même s'il est bien connu que la valeur du diplôme n'est jamais aussi précieuse qu'en temps de crise, il y a diplôme et diplôme. Quand on sait, en plus, que vous devez travailler deux fois plus longtemps depuis 1984 pour louer la même surface dans le même quartier, vous tirez de cette situation une souffrance réelle. Plus diplômés que vos pères qui ont investi sur vous, certains d'entre vous accumulez les licences, maîtrises voire masters dévalorisés, sans parvenir à trouver un emploi à la mesure de vos qualifications. Enfant d'instituteur, vous finissez emploi-jeune au parc municipal. Votre licence ne vaut pas toujours le bac d'il y a trente ans.

Et tout ça pourquoi ? Parce que, chez nous, règne la « diplômite ». Le diplôme n'est pas toujours conçu comme un investissement qui permet de bien se vendre sur le marché du travail, mais quasiment comme un titre de noblesse qui donne un statut social. On en a une conception plus mandarinale qu'économique. Etre classé scolairement revient à être classé socialement. Pour vous, le destin se joue entre 18 et 25 ans ! Il ne faut pas voir ailleurs le sentiment que nous avons d'une société bloquée, qui regarde toujours avec surprise les self-made men.

D'où la résignation de certains d'entre vous, qui ne comprenez pas pourquoi le diplôme qu'on vous a encouragé à obtenir ne vous garantit pas l'emploi stable et le logement naturellement convoités. Vous considérez désormais les orientations scolaires et le choix de votre métier comme des étapes irréversibles qui, en cas d'erreur, ne vous laissent pas les moyens de rediriger le cours de vos vies. Vous voyez l'existence comme un couloir sans porte de sortie. Un vrai scénario de film d'angoisse. Ou de rêve, pour ceux qui réussissent. Personne ne devrait être ainsi obligé de rester à la place assignée par la naissance, l'adresse ou le diplôme.

Alors, les plus vifs d'entre vous s'en vont, en particulier si vous avez les moyens de votre vivacité. L'exil, pour seule perspective. Aller là où votre nom, votre adresse, votre diplôme (ou absence de diplôme), votre couleur ne vous disqualifient pas : le départ à Londres, aux Emirats arabes unis, en Chine, aux Etats-Unis, vous redonne de l'air.

Je m'étais dit cela, aussi : réussir ou partir, si j'échouais aux concours. Car, pour moi qui n'avais connu de mon pays que la crise économique, il était hors de question d'aller affronter cette jungle sans foi ni loi qu'était le marché du travail, avec les stages bidon et sous-payés auxquels j'avais suffisamment souscrit, les centaines de CV sans réponses, les discriminations, le logement inaccessible.

Il s'agit donc de quitter la France pour trouver ailleurs des opportunités. Le départ, geste volontaire, permet de rebattre les cartes et de retrouver des perspectives fondées sur le mérite. Mais, entre le logement, les frais de déplacement, les repas et les frais de scolarité, les inégalités sont élevées entre ceux qui peuvent assumer et ceux qui ne le peuvent pas.

Misère blonde aux yeux bleus

Ceux qui restent sont contraints à la mendicité familiale, se sentant quelque peu humiliés, avec ce sentiment d'avoir contrarié l'attente de leurs familles qui elles-mêmes se trouvent troublées devant leurs difficultés. Génération déstabilisée, perdue dans le regard de parents qui ne saisissent pas comment vous n'avez pas pu faire mieux qu'eux...

Alors, vous vous accrochez au filet de sécurité parental, seul moyen d'éviter la chute ou, s'il y a chute, d'amortir le choc. Derrière la solidarité familiale, on devine la dépendance prolongée dans une société qui glorifie l'autonomie.

Comme vous ne caillassez pas de voitures, on vous oublie. Si, en plus, vous n'êtes pas issus de l'immigration, on ne vous voit pas, même quand vous venez aussi des cités où vous vivez en minorités invisibles.

Quant à la jeunesse rurale[1], qu'on croit

____

1. Nicolas Renahy, *Les Gars du coin, enquête sur une jeunesse rurale*, La Découverte, 2010.

disparue, elle est la plus méconnue, assimilée à des êtres isolés dans leurs villages désertés et hantés par la crainte du célibat sauf quand ils ont la chance de voir débarquer M6 et « Le bonheur est dans le pré ».

On passe à côté d'une douloureuse réalité : la précarité peut aussi être blonde aux yeux bleus… Vous êtes une grosse partie de la jeunesse française, populaire, souvent blanche, quelquefois exaspérée vis-à-vis des jeunes des banlieues violentes qui ont droit à une visibilité autrement supérieure à leur poids démographique, et des étudiants des grandes écoles, vus comme égoïstes, reclus et appelés à rejoindre les élites économiques et académiques.

Quoi d'étonnant alors à ce que vous, jeunes Français, soyez la plus pessimiste jeunesse d'Europe ? 26 % seulement d'entre vous s'imaginent un avenir prometteur, contre 54 % des jeunes Américains, ceux-là mêmes que le 11 septembre et la guerre en Irak avaient de quoi rendre plus alarmistes que vous[1].

---

1. « Comment les jeunes voient leur avenir, enquête mondiale », *L'Express*, 3 janvier 2008.

Génération précaire, génération
Le Pen

Qui pour le dire ? Les Jeunesses Ouvrières Chrétiennes (JOC) et les Mouvements Ruraux de la Jeunesse Chrétienne (MRJC) font ce qu'ils peuvent. L'UNEF, caisse de résonance de la jeunesse universitaire, ne traite que les 2 millions d'entre vous qui sont étudiants (sous l'angle de la protection sociale et de la prochaine UV), jamais regardés comme de futurs travailleurs qu'il faut préparer à la vie active, dans une sorte de vision à court terme impensable dans les autres pays européens où l'on sait alterner université/travail/voyages/université. Personne n'a compris que l'étudiant est un travailleur potentiel.

Et les syndicats vous ont complètement sortis de leur champ de vision : c'est normal, vous êtes des « *outsiders* », alors que les syndicats sont des « *insiders* », qui s'occupent avant tout de préserver l'emploi de ceux qui

en ont un. Vous les avez aperçus, une fois :
c'était en 2006 au moment de la mobilisation
contre le contrat première embauche. Ils
étaient venus, ils étaient tous là… pour
battre le pavé avec les étudiants des universités « low cost », sans Dauphine ni Sciences-
po bien sûr, mais avec la jeunesse des lycées,
la catégorie juste en dessous. Oui, les syndicats étaient là mais ils vous ont vite abandon-
nés, dès la loi abrogée. D'ailleurs, leur
attitude cynique, vous la leur avez bien ren-
due puisque vous n'êtes jamais plus de 1 %
dans leurs rangs !

Même cette dissidence syndicale qu'est
Génération précaire, qui, de temps en
temps, arrive à se faire entendre, qu'est-ce
donc si ce n'est des réunions autour de
50 personnes dans un malheureux squat du
IXe arrondissement ! Autant dire une misère
par rapport à l'énormité de vos revendica-
tions !

Vous êtes en jachère politique, l'angle
mort de la société, prudemment évité, depuis
trente ans, par les classes dirigeantes, et pas
seulement politiques. On chuchote sur vous,

mais qui vous parle ? Qui vous parle de votre avenir ? Potentiellement populistes, les plus exclus d'entre vous attendent le leader qui viendra flatter ce ressentiment qui sommeille en vous. En voyant ces milliers de jeunes vigies républicaines en tête des manifestations contre Le Pen en 2002, on est passé un peu vite sur les 20 % d'entre vous qui ont voté pour lui. Voilà qui n'a rien de banal. On vous avait pourtant dit qu'il était ringard, vichyste, et qu'en plus il lui manquait un œil. Alors, si un(e) autre se présentait avec une plus belle carrosserie ?

CIVIS, CQ, CES, CAE, CA, SEJE, CIE, CI-RMA

On imagine les républicains pressés de répondre.

La gauche, qui affirme vouloir remédier aux inégalités, a créé juste pour vous, entre autres mesures du même genre, l'emblématique système des emplois-jeunes. Vous y avez sans doute vu un bol d'air bienvenu. Vos familles se sont dit que le petit allait enfin avoir de quoi s'occuper. Réaction naturelle. Le problème, c'est que ces emplois ont été occupés par un public bien plus diplômé et qualifié que les jeunes initialement visés. Les emplois-jeunes ont même été le révélateur des difficultés d'insertion professionnelle des diplômés. Facteur aggravant : ils ont été lancés en pleine période de croissance, période qu'on aurait mieux mise à profit en créant de véritables emplois marchands.

Quant à la droite, dans un souci légitime d'efficacité, elle cherche habituellement les solutions pour donner plus d'indications au travail et à l'effort. De tentatives en tentatives, elle bute régulièrement sur les structures historiquement figées du marché du travail. Une spécificité bien française à laquelle s'arc-boutent les syndicats.

Nous, nous faisons traditionnellement peser le poids de la flexibilité sur les jeunes.

A l'inverse, dans les pays d'Europe du Nord, l'existence d'un système plus souple permet de le partager entre tous les actifs, en évitant que les plus fragiles, jeunes ou seniors, y soient surexposés. Là-bas, quel que soit son âge, on gagne ensemble, on perd ensemble.

La société française a donc choisi d'être une société duale, avec d'un côté ceux qui sont protégés du risque, grâce à leurs statuts acquis, et vous les challengers. Aux jeunes les emplois aux noms aussi fleuris que CIVIS, CQ, CES, CAE, CA, SEJE, CIE, CI-RMA. Quasiment tous pris en charge par l'Etat. Vous êtes plus de 35 % à les occuper. Aux autres, les CDI, les carrières à vie et les mobilisations syndicales pour les préserver !

Vous en nourrissez naturellement du ressentiment vis-à-vis des patrons, ceux qui trouvent leur compte dans cette jeunesse, variable d'ajustement. A force, depuis trente ans, de vous considérer comme une catégorie à part, on a introduit l'idée chez les employeurs qu'ils doivent être subventionnés pour vous embaucher. Avec le système des stages, on touche le fond : on accepte que des gens passent plusieurs mois en entreprise en étant sous-payés, en leur disant que c'est comme ça qu'ils apprendront à s'intégrer dans le monde de l'entreprise… Et puis, il vous faut bien acquérir une première expérience !

Il y a aussi de l'amertume vis-à-vis d'une société qui, en vous encourageant aux études tardives, a trouvé le moyen de réduire ponctuellement le chômage : c'est bien connu, un étudiant coûtera toujours moins cher qu'un chômeur. D'une certaine manière, votre flexibilité est le prix à payer pour l'inflexibilité des aînés.

Et ce n'est pas près de s'arranger. Les élites dirigeantes ne sont tout simplement pas en situation d'inverser la tendance. Encore moins d'inventer l'avenir. Du côté syndical, un tiers des militants CGT sont des retraités. Du côté politique, sans vexer personne, il n'y a pas d'Assemblée nationale plus vieille que la nôtre en Europe : dans les années 80, pour 1 député de plus de 60 ans, on avait 1 député de moins de 40 ans. Aujourd'hui, pour 1 député de moins de 40 ans, on a 9 députés de plus de 60 ans. On peut parier qu'en 2012, estimant être encore en situation de faire tourner la boutique, la grande masse des députés de 60-70 ans vont, au nom de la prime au sortant, redemander une tranche de cinq ans. A gauche, les sexagénaires sont prêts à reprendre du service, même s'ils ont de quoi partir à la retraite. Ne vous faites pas d'illusion pour autant : en 2012, pour vous embrigader, ils sauront vous manipuler sur le thème : Nicolas Sarkozy n'aime pas les jeunes. Et être jeune, c'est être anti-Sarko ! CQFD.

« C'est aujourd'hui que l'on saura qui a mis de l'eau dans la noix de coco[1] »

Voyons les statistiques des chercheurs[2]. La facture.

Du côté du pouvoir d'achat : en 1975, les salariés de 50 ans gagnaient en moyenne 15 % de plus que les salariés de 30 ans. Aujourd'hui, l'écart est de 40 %.

Du côté des emplois : en 20 ans, les recrutements dans la fonction publique ont été réduits de moitié. Le « numerus clausus » des médecins a été divisé par trois. Il semble préférable d'avoir 20 ans dans les années 60 lorsque, deux ans après la fin des études, le taux de chômage était de 4 % plutôt qu'en 1994 où ce taux culmine à 33 % !

Du côté du logement social : vous ne trouvez pas bizarre que des seniors, dont les

____

1. Cette phrase est un proverbe africain qui signifie que c'est aujourd'hui que la vérité va éclater.
2. Louis Chauvel, *Les Classes moyennes à la dérive*, Seuil, 2006.

enfants sont partis depuis longtemps, restent dans de vastes cinq pièces qu'ils occupent depuis trente ans, alors que les jeunes parents avec trois enfants sont obligés de recourir au marché privé avec des revenus généralement plus faibles, et donc d'habiter à l'étroit dans de lointaines banlieues ? Il n'est pas rare que les seconds soient les propres enfants des premiers. Tout se passe comme si on préservait l'équilibre social en faisant en sorte de détourner votre regard de cette réalité anormale.

Du côté des retraites : à 25 ou 30 ans, vous pensez sans doute que c'est trop tôt pour y songer. Vous avez raison. C'est la société qui devrait y penser pour vous. Or, à quoi assiste-t-on ? A une fronde générale des syndicats quand le gouvernement annonce le recul à 62 ans de l'âge de départ à la retraite. Pourtant, si l'on s'en tient aux réalités démographiques et économiques de notre pays, cette décision était inévitable. A gauche, le Parti socialiste s'accroche à la retraite à 60 ans. On y parle d'une « révolution de l'âge ». Calcul électoral ? Certainement. Faut-il rappeler qu'en

2014 les plus de 60 ans seront plus nombreux que les moins de 25 ans ? Irresponsable ? A coup sûr. Dans l'esprit des socialistes, les jeunes paieront inévitablement l'addition puisqu'ils représenteront… 40 % de la population active en 2020. Le relèvement des taux de cotisation et la création de nouvelles taxes sur le capital seront, dans leur démonstration, autant de recettes qui ne serviraient pas au financement de besoins collectifs bien plus urgents, comme la formation des jeunes et des salariés. On est loin d'un Parti socialiste défenseur des jeunes.

Clairvoyance assassine : seulement 11 % d'entre vous (contre 63 % des jeunes Chinois) financeriez volontiers la retraite de vos pères. La vengeance est un plat qui se mange tôt.

C'est ici la conséquence du fonctionnement français, fondé sur un faux libéralisme qui offre la liberté à ceux qui peuvent l'acheter et sur un socialisme conservateur qui a oublié ses enfants.

Il n'y a guère que les septuagénaires pour vous comprendre, car eux savent, au souvenir des années 30-40, ce qu'est le chômage de masse des jeunes et ses conséquences sociales. Ils étaient d'ailleurs nombreux à être à vos côtés la dernière fois que vous avez massivement manifesté en 2006, contre le CPE !

Du jeunisme sans les jeunes

La vérité, c'est que la France est un pays où l'on a préféré dissoudre les problèmes sur le long terme et, de ce fait, les léguer aux générations futures.

On perçoit aisément que le bien-être d'une certaine génération se fonde en partie sur des opportunités plus restreintes pour vous, les nouvelles générations. On en arrive à ce paradoxe d'une société qui fait le culte du jeunisme (recourir au Botox et au Viagra, faire du sport et des UV...) mais sans vous, les jeunes.

Au fond, tant mieux pour ceux qui ont profité de cette longue période de grâce. Il serait d'ailleurs vain et peu mobilisateur de se contenter de les accuser d'avoir été voraces. Non, le problème est que, faute d'avoir soulevé la question de la transmission vers les plus jeunes, c'est-à-dire vous, ils n'ont pas préparé leur succession et pourraient ainsi ne pas en avoir.

La jeunesse, indexée au prix du m²

En fait, pourquoi ne plaidez-vous pas pour une remise en cause de ces règles du jeu ? Après tout, si une génération vit sur votre dos et que vous en tirez quelque aigreur, on pourrait penser que vous allez le contester, ce système.

Mais le climat n'a rien de pré-insurrectionnel. Votre niveau de fatalisme est impressionnant : 39 % seulement d'entre vous se disent capables de changer la société, alors que vos semblables américains sont 63 % à le penser. Timorés, désabusés et passifs, un quart d'entre vous juge important de ne pas se faire remarquer dans la vie. 54 % d'entre vous (record mondial) estimez que le regard des autres est déterminant. Vous êtes la seule jeunesse d'Europe à considérer que l'obéissance est une valeur plus importante à transmettre aux enfants que l'indépendance.

Au fond, si vous n'êtes pas prêts à bouleverser l'ordre social, j'imagine que vous vous dites que vos problèmes sont temporaires.

Après tout, il n'est peut-être pas anormal que ceux qui débutent dans la vie n'aient pas les mêmes avantages que ceux qui ont de l'expérience et ont fait leurs preuves. Sans doute pensez-vous que c'est la règle du jeu. Vous devez en passer par là. Cet argument est tenable si l'attente ne dure pas trop longtemps. Le problème, c'est que cette attente se prolonge. Et vous n'en finissez plus d'être jeunes. On assiste à une extension indéfinie de la jeunesse. Comme le service militaire a, en plus, été supprimé, que les mariages sont plus tardifs et que la fin de vos études ne signifie pas l'accès automatique à un emploi stable, c'est la fin des repères d'entrée dans la vie adulte. Chez les statisticiens de l'INSEE, où l'on se réfère encore à la catégorie des 16-25 ans pour désigner les jeunes, on en a perdu son latin : c'est que, dans la réalité, la jeunesse est désormais indexée au prix du m², donc dure, jusqu'à 30, 35, 40 ans s'il le faut.

Il est aussi fort possible que l'aide consistante que vos parents vous allouent de façon presque naturelle agisse sur vous comme un tranquillisant. Le problème, c'est que tout le monde n'a pas des parents prêts à les aider ou capables de le faire, c'est-à-dire riches, généreux ou... morts. Il n'est pas facile quand on touche le Smic de payer un logement à ses enfants qui veulent faire des études. Ceux-là, on ne sait trop quel sera leur avenir. Le soutien familial pose de vraies questions en matière de méritocratie.

Il est enfin probable que vous vous disiez qu'avec tous ces prochains départs à la retraite de la génération du « baby boom », des places vont se libérer sur le marché du travail.

Qu'à partir de là, un rééquilibrage se produira au profit de votre génération. Poussée à l'extrême, la victimisation de la jeunesse entretient l'illusion fatale que la solution à ses problèmes réside simplement dans un meilleur partage intergénérationnel des richesses. Mais les choses ne sont pas simples : rien ne dit que vous pourriez occuper ces emplois !

Car des dysfonctionnements profondément ancrés dans la société française vous en empêcheraient. Et les soixante-huitards n'ont rien à voir là-dedans ! Ou pas totalement.

L'illusion méritocratique

Il faut rappeler les données : 150 000 d'entre vous sortent chaque année du système de formation initiale sans diplôme ni qualification. 20 % de ceux d'entre vous qui ont entamé leurs études supérieures les abandonnent sans obtenir aucun diplôme. Même au lycée professionnel, les taux d'échec sont étourdissants : 23 % au diplôme terminal du certificat d'aptitude professionnelle (CAP) et 26 % à celui du brevet d'études professionnelles (BEP). Ces chiffres, qui perdurent depuis quelques années déjà, sont un scandale national. Ils sont en complète contradiction avec l'esprit de la République et l'idéal méritocratique.

Il est incontestable que l'école française est une richesse. Par sa gratuité (au moins de principe) et la confiance placée en elle par les familles, elle reste l'instrument d'intégration sociale le plus puissant que nous ayons, notamment pour ceux qui ne sont pas nés avec une cuillère d'argent dans la bouche. Elle est, à cet égard, incontournable pour celui qui veut bénéficier de l'ascenseur social. Cette quasi-exclusivité est une raison supplémentaire d'en optimiser le fonctionnement. Autrement, ceux qui ne s'y adaptent pas seront difficilement « rattrapables ».

Or, derrière les succès certains qui font la fierté de notre modèle scolaire, on devine les classements qui promeuvent mais peuvent aussi implacablement éliminer, la confusion entre égalité des chances et négation des différences, l'absurde dédain pour le travail manuel et la faiblesse de notre culture d'entreprise.

Il y a là matière à s'interroger sur l'efficacité de notre école dont l'évolution, ces dernières années, profite, de plus en plus, aux plus habiles et aux mieux informés.

D'une certaine manière, vous l'avez compris : quand on vous interroge, 22 % seulement d'entre vous pensez être certains de trouver un bon travail (contre 60 % aux Etats-Unis, 56 % en Chine, 52 % en Inde). Ceux qui sont éliminés sont profondément atteints dans l'estime d'eux-mêmes et commencent leur vie d'adulte en renonçant à leurs ambitions.

Ce n'est pas bien de le dire : alors, vous consentez collectivement aux principes de notre système éducatif. Parallèlement, vous tentez, avec vos familles, de les esquiver.

La prépa, sinon rien

Ma famille n'était pas riche. J'étais désavantagée par la carte scolaire. J'étais destinée à fréquenter l'un des collèges publics de mon quartier. Mais voilà, il en était hors de question. Ma mère était au chômage. Elle avait été aussi, dans une autre vie, professeur. Son intuition lui commandait d'éviter le collège public du coin, à l'époque peu réputé. C'est ainsi qu'au prix de sacrifices financiers innommables et d'une force de conviction peu commune auprès de la direction de l'institution Sainte Jeanne d'Arc, ma mère nous a inscrites, mes trois petites sœurs et moi, dans le collège privé catholique sous contrat de la ville. De la sixième à la terminale. Pour ne prendre aucun risque.

Ma mère savait aussi que, pour la suite, il faudrait s'assurer que nous ayons les clés d'accès au Graal : la classe prépa. Donc, plutôt que l'espagnol, elle nous intima l'ordre de pratiquer l'allemand et les langues mortes, de passer les concours généraux pour côtoyer les meilleurs. L'excellence devait être notre obsession. Il ne nous restait plus qu'à travailler d'arrache-pied pour que l'investissement parental ne soit pas vain ! Je vous rassure : après le bac, j'ai eu la prétention de postuler à une classe prépa littéraire à Henri-IV et Louis-le-Grand. Bien sûr, on me le refusa. Passer de Colombes au Ve arrondissement de Paris, ce n'était tout simplement pas possible. Carte scolaire (enfin, c'est ainsi qu'on me rassura). On persista comme si (et parce que) ma vie en dépendait. Je fus acceptée au lycée Paul-Valéry. J'étais à la fois déçue de ne pas être reçue à Henri-IV et soulagée d'accéder à une classe prépa de bonne qualité qui allait bientôt m'ouvrir, pour peu que je continue à travailler, la porte des grandes écoles.

Voilà comment, pendant dix ans, ma mère usa de tous les moyens, sans relations ni aide, pour que j'échappe à l'école publique. Ou à une certaine idée de l'école publique.

De ce système, on voit bien qu'on ne se sort qu'en maîtrisant les codes implicites. Je n'ai aucune fierté à raconter cela. Mais l'immigrée que j'étais avait le devoir de réussir. L'enjeu dépassait ma personne. J'avais trois sœurs derrière moi à qui je devais montrer la voie (chez les Africains, le premier de cordée a ce devoir-là). J'avais une mère qui s'est abstenue de bien vivre pour assurer l'avenir de ses enfants qui, à leur tour, devaient donc être à la hauteur des sacrifices maternels. J'avais une partie de ma famille restée au Sénégal qui attendait de savoir si nous allions nous en sortir… ou pas. Alors, si nous avions foi en la France, nous savions aussi que le parcours éducatif impliquait de prendre certaines précautions. Beaucoup de vos familles le savent mais personne n'en dit rien. On contourne. Que penser d'une société qui forme sa jeunesse sur de telles bases ?

Ce système est dur. Il laisse désorientée la partie de la jeunesse sur laquelle les difficultés se concentrent. Comment accepter qu'un tel système puisse conduire à disqualifier d'emblée des centaines de milliers de jeunes ? Cette question déterminante n'a pas reçu, depuis vingt ans, la réflexion qu'elle mériterait dans le débat public. Peut-être en raison de la sous-représentation des familles des jeunes concernés dans les associations de parents d'élèves.

Sciences-po, promotion ZEP

Alors, on concentre notre énergie sur l'élite des grandes écoles et la manière dont quelques jeunes des quartiers difficiles pourraient y accéder. Richard Descoings, directeur de Sciences-po Paris, a ainsi lancé le mouvement en mettant en place le système des conventions d'éducation prioritaire en 2000. C'était l'année de mon diplôme dans cette même école.

J'avoue avoir fait partie des élèves (silencieusement, face à la pensée unique) hostiles à cette forme de discrimination positive. J'estimais que, si j'y étais arrivée sans dérogation, pourquoi les jeunes des cités ne le pourraient-ils pas ? Après tout, il n'y a pas plus égalitaire qu'un concours. Sans doute ressentais-je aussi un peu de jalousie vis-à-vis de ce coup de pouce dont moi-même je n'avais pas bénéficié. Et puis, je pressentais qu'il y aurait bientôt deux catégories de diplômés de la rue Saint-Guillaume, ceux des cités allant être montrés du doigt.

Finalement, je me suis résolue à cette réforme, consciente que tous les jeunes des cités n'avaient pas eu la chance de grandir au milieu des livres et d'avoir une mère « super-woman » comme la mienne. Et puis, la réforme Descoings, aussi circonscrite soit-elle, a fait ses preuves : entre 2001 et 2004, 90 % des 130 sélectionnés ont eu le diplôme. C'est déjà ça de gagné.

Il n'empêche : la réforme pour quelques-uns ne fera pas l'égalité des chances pour tous. Que deviennent ceux qui, à défaut d'être considérés comme dignes de Sciences-po, restent dans les Zones d'éducation prioritaires ? Que deviennent les échecs de l'énorme masse des scolarisés ? Eh bien, ils vont rejoindre l'infortunée cohorte des jeunes qui sortent du système scolaire sans rien. Résultat :

en 2009, le taux de chômage de ceux qui n'avaient décroché qu'un brevet, un certificat d'études primaires ou étaient sans diplôme atteignait 49,2 %.

Collège unique, collège inique

Contrairement aux vains débats de ces dernières années, ni la question des moyens (nous dépensons plus que nos voisins pour l'Education nationale) ni la qualité de nos enseignants (qui sont bons) ni le nombre d'élèves par classe (pas vraiment plus élevé en France que chez nos voisins) n'expliquent la gabegie : le fond du problème est le collège unique.

Créé en 1975, il prévoit que l'entrée au collège, après le primaire, est accessible à tous et que la formation y est la même pour tous. Autant dire, un moule homogène auquel les élèves doivent se conformer… ou pas. Pour ceux qui n'y arrivent pas, c'est le découragement qui guette. Stress, résignation, démobilisation au fur et à mesure de l'avancée dans la scolarité entraînent les prétendus mauvais élèves sur la pente amère du décrochage scolaire et quelquefois même tirent le reste de la classe vers le bas. A moins qu'ils ne finissent par en être exclus. Comme, de toutes les façons, avec le collège unique, tout le monde doit être conduit au forceps jusqu'en troisième, ils seront obligatoirement re-scolarisés dans un autre collège. On tourne en rond. Ben oui, après ça, il ne faut pas venir se plaindre que le niveau baisse… On cherche rarement à savoir si, en dehors du cadre académique, ils savent faire autre chose. La républicaine que je suis n'ose, en effet, croire qu'un élève puisse être nul en tout.

Les meilleurs finissent par aller dans les établissements des beaux quartiers dont l'emballement des prix fait, ainsi, une moquerie de la mixité sociale et organise une implacable ségrégation scolaire.

« C'est ce clivage, entre les meilleurs et les moins bons, qui est la césure principale de l'univers scolaire[1]. »

En démocratisant massivement l'accès à l'enseignement secondaire, on avait sans doute eu de bonnes intentions : répondre à la passion profonde des Français pour l'égalité. Le problème, c'est que vouloir faire faire la même chose à tout le monde ne fait pas l'égalité des chances. L'école républicaine, version collège unique, n'a pas su gérer la diversité des situations et des aptitudes. Un cadre trop formel pour des élèves si différents, c'est assurément une longue épreuve pour les enseignants du secondaire, l'échec pour ceux qui ne répondent pas aux standards de la réussite académique et finalement un problème obsédant pour les familles.

---

1. Olivier Galland, *Les jeunes Français ont-ils raison d'avoir peur ?* Armand Colin, 2009.

« *On m'a demandé de choisir trop tôt* »

Chez vous, la question de l'orientation est permanente : « on m'a imposé une orientation qui ne me convenait pas » ; « je ne me plaisais pas dans cette voie » ; « on m'a demandé de choisir trop tôt ».

La mésaventure est arrivée à une de mes sœurs cadettes : dissipée en classe, ses notes ont baissé jusqu'au couperet de l'orientation, vers une filière plus subie que voulue. Le système ne lui permettait pas d'avoir la moindre information pertinente, ni de temps pour faire des choix qui engageaient toute sa vie. Heureusement, la famille était là pour redresser la barre, lui signifier que ce qui se jouait là pour elle, déterminerait son avenir. Oui, je me suis vue dire cela à une petite fille de 14 ans qui pensait avoir tout le temps pour choisir son métier et sa vie.

Environ deux millions de collégiens et lycéens doivent ainsi chaque année faire un choix de formation. Pour les 40 % d'élèves de troisième qui se tournent vers l'enseignement professionnel, ils doivent arbitrer entre 50 spécialités de BEP et 63 spécialités de baccalauréats professionnels. Pour trancher, rien n'est simple, entre les CIO, PAIO, SCUIO et missions locales. Il y a de quoi devenir fou. Et même se tromper dans ses choix, avec la forte probabilité de ne plus pouvoir revenir en arrière.

De manière intéressante, la réforme du lycée, entrée en vigueur en 2010, propose de remédier aux difficultés d'orientation en seconde par des heures supplémentaires d'accompagnement personnalisé obligatoires, et en première, par des stages – passerelles apportant aux lycéens les compléments d'enseignement indispensables à leur changement d'orientation.

Et le collège ?

Cette question de l'orientation au collège est d'autant plus fondamentale qu'en fonction de la situation économique du pays tous les diplômes ne se valent pas. Ce qui marche moins ? Les CAP ou BEP du tertiaire administratif (commerce, vente, comptabilité, secrétariat) que la plupart des élèves – surtout les filles, comme par hasard – plébiscitent. Ce qui marche ? Avec un taux d'insertion proche de 80 %, les CAP ou BEP de l'industrie, de l'artisanat, des métiers de bouche ou de l'orfèvrerie. L'alternance, notamment l'apprentissage, marche bien aussi : 80 % des titulaires d'un bac pro obtenu par apprentissage avaient un emploi contre 64 % par la voie scolaire. Le problème, c'est que le fonctionnement du système fait qu'il n'y a aucune barrière à l'entrée de toutes ces filières. Donc, chaque collégien a libre accès à chacune d'elle. Certains choix se font en dehors de toute réalité. Selon les modes. En ce moment, c'est le théâtre. Personne ne dit aux gamins que, même avec un 17 en français, les places sont chères. Parallèlement, les conseillers d'orientation-psychologues (les « *copsys* ») ont des consignes pour remplir certaines filières un peu vides. De sorte qu'au mois de juin, quand il faut trouver une place en urgence, on envoie tout le monde en CAP comptabilité-secrétariat, alors même que le recrutement ne se fait plus qu'en BTS. Là aussi, il y a de quoi devenir fou. Cela vaut la peine de réfléchir à une vraie réforme du collège, non ?

La situation des exclus du système a quelque chose de pervers. Maintenant qu'ils auraient, paraît-il, les mêmes chances que les fils et les filles de la bourgeoisie, ce n'est plus l'injustice sociale qu'ils peuvent accuser de les laisser sur le bas-côté. Ils n'ont plus qu'à s'en prendre à leurs propres lacunes. C'est ainsi qu'on apprend la détestation de l'école à des gosses qui en perdent l'estime d'eux-mêmes. Des familles, qui y avaient cru, se sentent grugées. Or, l'existence et le bon fonctionnement de cet ascenseur social sont primordiaux dans une République comme la nôtre, qui intègre des individus et des familles venus de tous horizons pour en faire des citoyens français à part entière, quelles que soient leurs origines sociales.

Tout le monde sait. Personne n'ose remettre en cause le collège unique. A la limite, on peut être compréhensifs et reconnaître que les ministres successifs de l'Education nationale ont fait ce qu'ils pouvaient, dans un contexte où la société souhaite préserver le mythe, profondément ancré, du collège unique. Comment contester, en effet, ce qui a été une démocratisation de l'enseignement, un élargissement de la diffusion des savoirs à tous les petits Français et non plus seulement à ceux qui accédaient au lycée d'avant ? Ce n'est pas simple.

Où est passé le subjonctif ?

A ce tabou s'ajoute le pédagogisme qui a conduit à la mise en cause de la discipline, des maîtres et de toute autorité dans une école déjà ouverte aux quatre vents et à des influences bien plus puissantes (les informations venues des médias et d'Internet, par exemple). Puisqu'il est interdit d'interdire, les professeurs ne sont plus écoutés. Ce n'est pas parce que la jeunesse gagne sa liberté en apprenant à dire non qu'il faut toujours lui dire oui. On a pourtant supprimé l'estrade pour bien signifier que le professeur et l'élève sont désormais sur un même pied d'égalité. Le professeur ne doit plus dominer l'élève. Le symbole n'a rien d'anecdotique. Les effets sont ravageurs.

Il ne s'agit pas de mythifier l'école d'antan, à la manière des *Choristes* que nous plébiscitons au cinéma. Ni de revenir aux années 60 où les maîtres inspiraient plus de crainte que de respect, où les élèves apprenaient par cœur des textes qu'ils ne comprenaient pas et où l'ennui faisait de la communale un long calvaire dont les enfants n'aspiraient qu'à voir la fin.

Quoique. J'avoue un petit faible pour cette école : non, je n'étais pas encore née dans les années 60. Mais cette école-là, je l'ai bien connue... au Sénégal ! A l'Immaculée Conception, une autre école privée catholique tenue par des religieuses et où nous portions une blouse bleue pour éviter que nos différences sociales ne se voient à l'œil nu. Dans cette école de ma prime jeunesse, discipline et excellence étaient les maîtres mots. Le matin, nous étions priés de nous aligner dans la cour de récréation, du plus petit au plus grand, de réciter l'*Ave Maria*, que l'on soit catholique ou non. La petite musulmane que j'étais connaissait ses prières par cœur. En classe, la croix était au-dessus du tableau. Quand la mère supérieure nous rendait visite, nous nous levions comme un seul homme (signe de respect, et non d'une humiliation quelconque). La mise au piquet était une perspective suffisamment effrayante pour décourager toute mutinerie. Nous connaissions notre Bescherelle par cœur. Le Bled était notre livre de chevet. Le soir, nous ne pouvions quitter l'école qu'après avoir longuement patienté sur le banc en béton vers lequel nos parents se dirigeaient pour nous prendre la main et nous ramener à la maison. L'école au Sénégal, c'était l'école française de papa ! Autant dire 1950 en 1985 ! Arrivant en France pour rejoindre le cours moyen deuxième année, je constatai très vite le retard scolaire de mes petits camarades français. Et dire que c'était moi qui venais d'un pays sous-développé…

Ce qui devait advenir est advenu. Outre les problèmes de discipline, on ne vous fait plus lire un livre entier mais des extraits. On ne vous fait plus apprendre des poèmes par cœur. On limite les dictées et les conjugaisons. Le subjonctif imparfait est tombé dans l'oubli. Ah ! Le subjonctif imparfait ! Au commencement d'une phrase, voilà qu'au détour d'un passé simple, paf, tombe un subjonctif imparfait et on se laisse aller à écrire ceci : « Il se mit à pleuvoir, lorsque nous décidâmes de sortir. Nous attendîmes donc que le ciel se dégageât »... Pourquoi avoir privé nos enfants du si décisif subjonctif imparfait qui inculque discipline personnelle et rigueur intellectuelle ? Trop compliqué. Et puis, personne ne parle comme ça...

Tout le monde à la fac

Dans l'enseignement supérieur, on a pensé que le bac devait ouvrir l'accès à toutes les filières. Beaucoup d'entre vous, maîtrisant mal l'orientation, se sont fourvoyés dans des formations inadaptées. On compte plus de 200 000 étudiants en sciences humaines et sociales ou 100 000 étudiants en lettres et sciences du langage. Vous finissez, bien sûr, par vous en détourner. A la suite de combien d'échecs et d'abandons ? Eh bien, ils sont 90 000 ces étudiants qui ont engagé des études post-bac à quitter chaque année l'Université sans diplôme. 32 % d'entre eux sont au chômage trois ans après leur arrivée sur le marché du travail. Les inégalités sont fortes quand on sait que le taux de chômage des étudiants diplômés des grandes écoles est de seulement 4 %. Cela vaut la peine que les universités publient, avec régularité, des données sur l'insertion professionnelle de leurs diplômés, non ?

La loi du 10 août 2007 sur l'autonomie des

universités est, en ce sens, un pas capital. Elle renforce la mission d'orientation des universités, avec notamment la création d'un « bureau d'aide à l'insertion professionnelle des étudiants ». Elle oblige les universités à mettre en place pour les lycéens une procédure de pré-inscription et donc d'information, en concertation avec les lycées. Enfin, la loi prévoit la publication de statistiques de réussite aux diplômes et d'insertion professionnelle des étudiants. Dans la période de crise que nous vivons, ce changement est fondamental : il s'agit de vous guider en priorité vers les métiers en tension. Ces métiers sont connus : en ce moment, on recherche davantage de maçons qualifiés, d'infirmiers, de professionnels de la restauration, d'ingénieurs de l'informatique que de stylistes ou de photographes.

Il est, bien évidemment, tout aussi fondamental que les universités veillent à appliquer cette nouvelle réglementation : créer un bureau d'aide à l'insertion, c'est bien. Mais c'est encore mieux si les universités font bénéficier les étudiants d'un rendez-vous individuel pour discuter de leur orientation et de leur suivi concret. C'est bien de privilégier l'insertion. C'est encore mieux si les universités instaurent, y compris en faveur des étudiants qui suivent des cursus littéraires, des stages obligatoires.

« *Monsieur le Ministre, vous êtes foutu, la jeunesse est dans la rue !* »

Bizarrement, quand vous descendez dans la rue, c'est pour demander que rien ne change. Sinon, comment expliquer que la plupart des réformes de l'Education nationale aient été retirées sous la pression de la rue étudiante ? Qu'il s'agisse de la loi d'Alain Devaquet sur la sélection à l'université en 1986, du projet de loi sur l'autonomie des universités de Luc Ferry en 2003, de la réforme du baccalauréat de François Fillon en 2005, la plupart des tentatives de réformes ont été abandonnées. Sans doute n'y a-t-il pas eu assez de concertation et d'explications. Mais comment pouvez-vous défendre, en fin de compte, un système qui vous dessert à ce point collectivement ?

Toute cette radicalité manifestante, pour quoi faire ? Contester le libéralisme économique ? Mais alors pourquoi ne jamais en remettre en question les formes les plus évidentes, comme la sélection, l'orientation ou l'insertion professionnelle ? Le baccalauréat, par exemple. Vous savez que ce n'est pas la palme d'or, mais vous le concevez comme un repère fondamental de votre parcours qu'il ne faut surtout pas détruire, par exemple, au profit du contrôle continu alors que vous savez très bien que c'est le mode de sélection privilégié des classes prépa. On peut vous comprendre : la révolution, on n'est jamais sûr de ce que ça peut donner. Il vaut donc mieux chercher à s'en sortir par soi-même. Au fond, vous êtes des libéraux malgré vous.

Cette stratégie est bien risquée à moins que vous ayez fait le choix de l'égoïsme (la survie individuelle) ! Vous légitimez un système dont vous espérez bénéficier... un jour. Ne vous vivriez-vous pas comme des vieux en puissance ? Des vieux libéraux... ça commence à faire beaucoup. Vous attendez que le temps passe pour, à votre tour, mettre le doigt dans le pot de confiture. Le problème, c'est que le temps que vous grandissiez, il n'y aura peut-être plus rien dans ce pot de confiture. Car la société ne fait pas grand-chose pour garder le pot plein. Sans parler du fait que vous ne pourrez pas indéfiniment compter sur le soutien de vos familles. Surtout, une telle stratégie fondée sur des petites tactiques individuelles affaiblit notre pays en continuant à exclure une bonne partie de votre génération et donc des forces vives de la France.

Blacks, Beurs, Français canal historique, rendez-vous au kebab

La nation française n'est pas un ensemble ethnique, culturel ou linguistique. C'est une construction politique voulue par un Etat centralisé et unificateur dans lequel l'école a eu un rôle fondamental. Que celle-ci fonctionne, et la République est forte, capable d'intégrer, grâce à son ascenseur social, des générations entières de Français. A l'inverse, il suffit que l'école de la République s'affaiblisse pour que l'édifice national vacille sur ses bases. « A une école diminuée par des pratiques pédagogiques peu exigeantes correspond une France dont l'hymne est sifflé dans les stades[1]. »

Comment, en effet, faire aimer la République à ceux qu'elle tient désormais à l'écart ? A ceux qui ont la conviction que, quoi qu'ils fassent, quel que soit le mal qu'ils se don-

---

1. Jean-Paul Brighelli, *Tireurs d'élites*, Plon-Jean-Claude Gawsewitch, 2010.

nent, les efforts, les sacrifices qu'ils consentent, ils ne peuvent pas réussir ?

Evidemment, tout le monde pense aux jeunes de banlieues difficiles, enfants de la diversité, comme on dit pudiquement. Coincés dans leurs ZEP qui étaient censées accompagner leur réussite scolaire, ils évoluent entre la boucherie halal, le kebab « harissa-sauce-blanche » et la coiffure afro « parce-que-chez-Jacques-Dessange-on-ne-sait-pas-bien-coiffer-les-cheveux-crépus ». A force de ne voir que des Noirs et des Arabes, y compris dans leur classe, ils ont fini par penser qu'un cordon sanitaire les sépare de « la France ». D'ailleurs, le « céfran », c'est l'autre. Et l'autre, à son tour, les regarde comme des Français de papier. Ils n'ont cependant rien connu d'autre que la France. Rassemblés, ils deviennent ces bandes ethniques échouées sur la dalle de nos centres-ville qui éveillent dans l'imaginaire collectif la peur des émeutes. A moins qu'un sociologue ne vienne, en bas de leur tour, décrypter les origines de leur langage saccadé et leur proposer de se lancer dans la musique ou le sport.

L'exclusion aidant, c'est dans le communautarisme qu'ils sont susceptibles de trouver refuge. Leur origine en bandoulière, c'est le Sénégal qu'ils soutiennent, en 2002, quand les Bleus s'engagent dans la Coupe du monde de football. C'est la *Marseillaise* qu'on leur reproche de conspuer quand l'équipe d'Algérie ou de Tunisie vient jouer au Stade de France. C'est la France qu'on les accuse d'insulter quand ils lui demandent des comptes sur le sort fait à leurs aïeux esclaves ou colonisés.

A mi-chemin entre deux cultures qu'ils n'arrivent pas à accepter totalement, ils développent inévitablement une forme de schizophrénie, n'ayant ni les clés de l'une, ni les codes de l'autre. Black/Beur en France, Français en Afrique : comment se définir quand personne n'arrive à trouver les mots ? Le communautarisme, d'abord subi, devient, peu à peu, assumé, car il leur permet de retrouver une dignité. Ceux-là sont un défi pour la France. S'il n'y avait qu'eux !

Peu se soucient de tous ceux qui sont laissés pour compte, sans être issus d'une quelconque immigration. Eux aussi, tout

Français canal historique qu'ils sont, savent que la République est un projet politique qu'il ne suffit pas de célébrer pour qu'elle demeure vivante. Eux aussi, tout blancs qu'ils sont, savent que l'égalité est une valeur qu'il ne suffit pas de proclamer pour qu'elle soit réalisée. Depuis trop longtemps nous affaiblissions l'idéal républicain en proclamant notre attachement à une République formelle sans perfectionner la République réelle. C'est ainsi qu'en laissant des milliers de jeunes sur le bas-côté, c'est le crédit de la France qu'on entame à leurs yeux.

Jeunesse marginalisée, société condamnée

Comment s'étonner que notre pays nourrisse le sentiment confus de son propre déclin, sans les forces de la jeunesse pour lui insuffler espérance et dynamisme ?

C'est une faute. Une faute que paie déjà la France. Une société qui néglige et marginalise sa jeunesse est une société condamnée au conservatisme.

L'inquiétude est désormais partagée. Ce sont la plupart des Français qui, au-delà des difficultés de leurs enfants, se soucient de l'impréparation majeure de notre pays aux défis de demain : la dette explosive, les retraites non financées, la gestion kafkaïenne des prélèvements obligatoires et le vieillissement de la fonction publique. Comme dit le proverbe africain : « Qui crache en l'air doit s'attendre à recevoir des crachats sur le visage. »

On sent bien également que les Français ne se satisfont plus de voir notre société guettée par un vieillissement qui n'est pas seulement celui de la pyramide des âges mais aussi celui de notre conception du monde. On les sent bien consternés par l'absence de profond renouvellement culturel et intellectuel depuis trois décennies.

Il ne faut pas voir ailleurs le malaise général de notre pays, anciennement si grand, si conquérant, mais qui, à défaut d'être résolument engagé dans l'avenir, cultive depuis plusieurs années la nostalgie de sa grandeur passée. Il ne faut pas voir ailleurs les origines du pessimisme qui domine, de ce manque d'audace, de ces retards qui nous minent face à l'apparition de nouveaux géants sur la scène internationale, et qui amènent la France, malgré ses nombreux atouts, à regarder dans le rétroviseur.

C'est impossible. On ne construit pas le monde de demain avec des idées d'hier. La France ne peut se limiter à l'instituteur de Pennac, au boulanger de Pagnol, au paysan de Giono et au curé de Péguy. Aujourd'hui, c'est à la jeunesse d'être une force d'innovation et de mouvement. Comment construire une société optimiste sans vous ?

« Jeune sang n'obéit pas à vieux décret [1] »

Vous êtes un potentiel et une chance. Vous devez être un espoir.

L'histoire de France a souvent avancé par la mobilisation de sa jeunesse. A Marseille, le 3 septembre 2006, le futur Président de la République le rappelait : « La Révolution française a été accomplie par des jeunes gens. Les fédérés marseillais, qui montaient à Paris en 1792, n'avaient pas 20 ans, pour la majorité d'entre eux. Les soldats de l'An II n'étaient pas plus vieux et ils étaient commandés par des généraux de 25 ans. Après avoir été les héros de Valmy, de Jemmapes et de Fleurus, ils eurent l'énergie d'être encore les acteurs d'Austerlitz, d'Iéna et d'Eylau... En 14-18 la jeunesse française fut héroïque. Sur 1,3 million de morts un tiers avaient moins de 30 ans... Après l'armistice, une fois de plus assise sur un monde en ruines, cette jeunesse meurtrie, à

------

1. Citation de William Shakespeare, extraite de *Love's Labour's Lost*, IV, III, 217, 1595.

peine sortie du massacre était convaincue que le monde était absurde et que l'homme était seul. Et pourtant elle aussi sut se relever. En 40 les premiers résistants avaient à peine 16 ans… De l'âme blessée de cette jeunesse, de son innocence perdue d'avoir vu de si près la mort et la barbarie, de ses mains encore tremblantes d'avoir tenu les armes, jaillit la reconstruction, les Trente Glorieuses, la décolonisation, l'Europe, et la Sécurité sociale. La jeunesse peut être invincible. »

Invincible, avez-vous dit, Président ? Chiche, jeunes gens ?

Le contexte commande que vous soyez, à votre tour, acteurs du changement. Dans le monde où nous sommes, je crois qu'il n'est plus temps de marchander avec les nécessités. Il faut une ambition collective pour la jeunesse française. Nous devons ouvrir ce chemin qui permette de vous construire, *hic et nunc*. Bref, vous donner les moyens de cette autonomie qui éveille le désir d'innover, stimule l'exercice de la responsabilité et autorise enfin une circulation des forces vives du pays. C'est la tâche de ceux qui vous gouvernent.

Certes, on dit que les hommes politiques, trop accaparés par les problèmes du quotidien, se préoccupent davantage de coller aux attentes de l'opinion, surtout celle qui vote. Je pense, cependant, que notre pays a suffisamment de maturité et de bon sens pour entendre toutes les vérités.

Renforcer l'autonomie des jeunes dès 18 ans

Premier chantier majeur : renforcer l'autonomie des jeunes.

Sur les 15,5 milliards d'euros qui vous sont attribués, pourquoi ne pas vous accorder directement les aides qui vous sont destinées (aides fiscales, allocations familiales), mais qui passent aujourd'hui par vos familles ? Les aides qui vous sont directement attribuées (aides à l'insertion professionnelle, au logement, à la mobilité, bourses, etc.) sont certes nombreuses mais elles sont aussi éparses et globalement insuffisantes pour vous permettre de faire face à toutes vos dépenses.

Or, votre autonomie doit être accrue, non pas dans une logique d'assistanat, mais dans l'objectif de vous garantir une formation puis un emploi. Le revenu de solidarité active-jeunes est un pas important.

On peut aller encore plus loin en organisant une refonte des dispositifs d'aides (directes ou indirectes) aux jeunes. Dans les pays d'Europe du Nord, même si c'est cher (mais il faut savoir ce qu'on veut), il existe des droits de tirage pour le financement des périodes de formation, par une combinaison de bourses et de prêts remboursables à taux réduit. En Suède, ça a bien marché en termes d'autonomie : là-bas, à 20 ans, la moitié des jeunes a quitté le domicile familial, alors qu'en France il faut attendre l'âge de 24 ans pour que sonne l'heure du départ.

Cela suppose aussi d'abaisser à 18 ans l'âge auquel vous pouvez accéder à ces droits de tirage et non plus à 25, qui est l'âge traditionnellement retenu pour le bénéfice de certains dispositifs. Après tout, il n'y a aucune raison de considérer qu'on est majeur à 18 ans, mais que, sur le plan économique, on ne l'est qu'à 25. Faisons confiance aux jeunes ! Et aux moins jeunes aussi : les personnes de 40 ans ne vont tout de même pas demander à leurs parents de les aider financièrement pour un retour aux études !

Mieux partager la flexibilité du travail

Une fois sur le marché du travail, le diplôme obtenu à 20 ans ne doit pas décider de toute une vie. L'extrascolaire doit aussi être valorisé : jobs, volontariat, engagement dans une association locale ou une organisation humanitaire, service civique. Cela implique un changement de pensée majeur : la systématisation de la validation des acquis de l'expérience.

Les employeurs ne doivent plus voir en vous des travailleurs à moindre coût à qui ils font multiplier les périodes d'essai prolongées ou les stages peu ou pas du tout payés : il faudrait peut-être interdire les stages pour les jeunes diplômés dès lors qu'ils ont la qualification pour la tâche proposée.

Pour favoriser votre embauche dans les entreprises, cela fait des années que les pouvoirs publics hésitent. Tantôt on a essayé de baisser le coût de votre embauche, notamment avec le CIP, qui avait été vu, à juste titre, comme un Smic jeunes. Avant d'être abandonné. Tantôt on a voulu subventionner vos emplois, comme ce fut le cas avec le SEJE, un dispositif mis en place entre 2002 et 2007 en faveur de l'embauche en CDI des jeunes non bacheliers. Avant d'être lui aussi abandonné parce qu'il créait des effets d'aubaine, plutôt que des emplois.

Alors, que faire ? Sans doute faut-il inverser la logique : plutôt que de réduire le coût de votre embauche par des subventions, pourquoi ne pas chercher à augmenter votre employabilité et votre productivité[1] ? Après tout, les

---

1. Christian Demuynck, *Rapport d'information du Sénat sur la politique en faveur des jeunes*, 2009.

entreprises ont une responsabilité en matière de formation des jeunes : elles ne peuvent pas exiger du système éducatif qu'il leur fournisse clefs en main des salariés prêts à occuper à tout moment chaque poste de travail.

L'existence d'un très grand nombre de certifications préfigure, de la même manière, la possibilité de certifier tout jeune sortant du système scolaire plutôt que de le qualifier de « sans diplôme ». Une telle démarche de validation des acquis scolaires nécessite une évaluation du jeune avant sa sortie d'école pour mettre en évidence ses aptitudes concrètes.

A cet égard, il n'est pas très efficace de laisser ces jeunes sans diplôme se débrouiller dans le maquis du service public de l'emploi, avec ses 421 missions locales, ses 63 PAIO et ses Pôles emploi, dont on ignore, en l'absence de statistiques, l'efficacité sur l'insertion professionnelle des jeunes.

Inversons là aussi la logique : autorisons le conseiller d'orientation, comme aux Pays-Bas ou au Danemark, à sortir de son bureau pour aller à votre domicile au moins deux fois par an proposer des emplois ou des formations.

Si cela ne donne rien, alors, autant retourner à l'école ! Mais pas dans n'importe quelle école : les Ecoles de la deuxième chance et les établissements Défense deuxième chance offrent des possibilités de formation rémunérées en alternance, avec de bonnes chances de réinsertion, pour les 7 000 jeunes qui les fréquentent. Et les autres ? Leurs effectifs sont à comparer aux 150 000 jeunes qui sortent chaque année du système scolaire sans rien. Elles ne peuvent donc servir durablement d'alternative. A moins de réformer le collège. Décidément, on ne peut plus tourner autour du pot...

Réformer le collège, grand oublié des réformes de l'Éducation nationale

Deuxième chantier majeur, donc : réformer le collège, le grand oublié des réformes de l'Education nationale.

C'est par l'éducation qu'on donne à une jeunesse la force de regarder l'avenir. Mais, si tout le monde n'atteint pas l'excellence, tout le monde doit pouvoir réussir en tenant compte de la diversité des goûts et des talents. Tout le monde n'est pas bon en tout mais tout le monde n'est pas nul en tout, non plus ! Il nous faut abandonner l'égalitarisme qui pénalise à cause de méthodes d'enseignement trop uniformes. La sélection ne doit plus être un mot tabou : pour qu'un niveau soit atteint, il faut mettre des paliers. Ceux qui n'arrivent pas à les franchir seront remis en selle dans des classes de rattrapage.

Au lycée, la réforme de 2010 a compris l'importance de pouvoir changer d'orientation en cours de scolarité. Pour que cette orientation se fasse dans de bonnes conditions, il est primordial que les conseillers d'orientation soient mieux formés initialement aux problèmes de l'insertion professionnelle, et, par la suite, à la connaissance des métiers et de leurs débouchés, ce qui manque cruellement aujourd'hui. Sans cette révolution mentale, il ne faudra rien attendre de productif de leur part. Par ailleurs, je ne pense pas qu'il soit trop prématuré de systématiser, dès le lycée, les plates-formes et les bourses de stages, en association avec les entreprises. Cela suppose parallèlement que les personnels de l'éducation soient plus familiarisés à la culture de l'entreprise et sachent comment elle fonctionne.

Par ailleurs, il faut arrêter de mépriser l'intelligence de la main, c'est-à-dire les filières professionnelles. La France fait autant de mal à son enseignement technique qu'à son économie. On manque d'artisans. Tout le monde n'a pas le talent d'être tapissier, cordonnier ou maçon, métiers autrement plus créatifs et valorisants que les petits emplois du tertiaire. On ne le fera pas sans que l'accès au lycée professionnel devienne aussi sélectif que l'entrée au lycée d'enseignement général et que les lycées professionnels aient leurs Henri-IV et leurs Louis-le-Grand.

Le déficit, c'est comme le cholestérol.
Il y a le bon et le mauvais

Troisième chantier majeur : les finances publiques, en particulier les retraites et, leur corollaire explosif, la dette.

Aujourd'hui, nous négocions les retraites de ceux qui ont eu des salaires dans une autre civilisation. Le recul de l'âge de départ à la retraite à 62 ans a, de manière peu rationnelle, provoqué la fureur des syndicats. Pourtant, personne n'ignore qu'il faudra aller plus loin, si l'on ne veut pas plus vous pénaliser.

Quant à la dette, en atteignant le niveau record de 1 500 milliards d'euros (un triplement en trente ans, soit 80 % du PIB !), elle inquiète depuis quelques années les Français, conscients qu'elle représentera une charge pour vous. Il ne s'agit pas de stigmatiser tout déficit. Après tout, la dette, c'est comme le cholestérol, il y en a du bon et du mauvais. La « bonne dette », c'est celle qui finance les investissements d'avenir qui profiteront aux générations futures en matière d'infrastructures, d'universités ou de recherche. La « mauvaise dette », c'est celle qui finance à crédit les besoins de fonctionnement de la génération actuelle (déficits de la Sécurité sociale ou coût de fonctionnement des administrations).

Ce projet social est exigeant. Il est le seul horizon possible. Il implique que la génération du « baby boom » réapprenne à partager. Il suppose qu'elle se déleste d'une part de ses avantages accumulés. Il mérite que les élites dirigeantes en comprennent l'impératif. Comme la droite et la gauche s'étaient rassemblées, lors de la campagne présidentielle de 2007, pour que, quel que soit le candidat vainqueur, l'écologie soit au cœur des politiques publiques, la « jeunesse » est un thème suffisamment fédérateur pour que les élites politiques, économiques, syndicales et culturelles se retrouvent autour d'une table et lui proposent une ambition nouvelle.

Le pays a besoin de vous

La société pourrait mettre à vos pieds toutes les merveilles du monde. Il n'en sortira toutefois rien si vous ne vous dégagez pas de l'image conformiste que la société nourrit pour vous. Vous n'avez pas vocation à être les « mini-moi » de vos aînés. La solution aux problèmes de la jeunesse réside aussi dans la jeunesse elle-même. Nous pourrons avoir les meilleurs professeurs, les familles les plus impliquées, les patrons les plus imaginatifs, les gouvernements les plus déterminés. Tout cela ne servira à rien si vous ne prenez pas vos responsabilités. Vous devez aider votre pays à gagner en audace et en mobilité, à retrouver sa puissance et sa créativité, avec cette part de liberté énergique, si propre à la jeunesse, dont parlait Bergson, fût-elle brouillonne !

Cette ambition, il faut donc la faire vivre et ce doit être avant tout votre œuvre. Comme l'enjoignait, en son temps, Pierre Mendès France, « décidez, dès aujourd'hui, de peser de toutes vos forces sur la destinée nationale, préparez de toutes vos mains l'avenir plus heureux et plus juste auquel vous avez droit ».

Vous en avez les moyens : beaucoup d'entre vous ont l'envie de réussir et de trouver leur place dans la société, portés par des valeurs aussi positives que le rejet de toute forme de discriminations, la tolérance et l'attachement farouche aux droits de l'homme, autant de principes indispensables pour améliorer la vie démocratique de notre pays.

Dans les Etats-Unis d'aujourd'hui, on dit à vos semblables : « le pays a besoin de vous ». Et cela suffit à donner de l'espoir. La France aussi a besoin de vous. Vous êtes aussi le système, vous faites le système. La peur de l'échec ne doit pas être un frein à votre sens de l'initiative.

Vous devez déranger. Sortir de la « génération bof ». Alors, la société acceptera de se faire bousculer. Alors, toute expression de conviction ne sera pas regardée comme de la délinquance.

Je veux vous convaincre, si jamais les difficultés de la vie peuvent vous le faire oublier, que vous portez en vous cette espérance. Derrière chaque classe d'âge, se profilent une énigme et une invitation.

Avoir la vie devant soi est le privilège de la jeunesse. Cette perspective devrait conduire beaucoup d'entre vous à envisager l'avenir avec optimisme. Un jeune Iranien en résistance sous Ahmadinejad, un jeune Haïtien qui reconstruit après le séisme, un jeune Afghan qui se bat pour faire des études : on trouvera toujours des reportages valorisants sur leur courage. Un jeune Français, non. Or, je sais que beaucoup d'entre vous ont envie d'apporter une contribution au monde qui les entoure. Ce sont vous, les jeunes à peine majeurs, comme chaque fois dans l'histoire que le pays a besoin de votre sang, qui mourez en Afghanistan. Même ce phénomène de l'exil qui vous amène à claquer la porte pour la Californie, Singapour ou Dubaï exprime une puissante demande d'avenir et une faim de réussite incomparable.

Bernanos disait que c'est la fièvre de la jeunesse qui maintient le monde à la température normale. Quand la jeunesse se refroidit, le monde claque des dents.

L'avenir du capitalisme est dans les banlieues

Une partie de la si décriée jeunesse des cités ne se résigne pas à la grisaille des murs. De Dia à Airness, la créativité des banlieues peut être spectaculaire. « La gauche, qui avait fait main basse sur eux en leur promettant monts et merveilles contre votes sonnants et trébuchants, pourrait bientôt réaliser qu'en fait, avec leur faim de réussite, l'avenir du capitalisme se trouve dans les banlieues[1]. » Sans

______

1. Matthieu Grimpret, *Traité à l'usage de mes potes de droite qui ont du mal à kiffer la France de Diam's*, Anne Carrière, 2008.

doute cette jeunesse des banlieues est-elle de droite par ses valeurs ? Mais, chut, il ne faut pas le lui dire... Il y a une énergie enthousiaste et un appétit d'initiatives chez ces créateurs qui ont eu le courage de faire à partir de rien. L'intégration n'est pas leur objectif. Ce qu'ils veulent, c'est la mobilité, le dynamisme, la circulation des forces vives. Leurs soubresauts ne sont pas toujours des jacqueries urbaines. Ce sont aussi les signes de vitalité d'un corps en pleine croissance. Les foyers de vie se trouvent autant à Vénissieux qu'à Condorcet. C'est bien connu : ce sont par les marges que l'on nourrit le centre.

Ces sociétés nées à Bondy, La Duchère, Sarcelles, les Tarterêts ou Roubaix, plusieurs grands noms de la finance internationale, qui ont compris ce qu'elles recèlent d'audace, les courtisent, pendant que nous les ignorons. Je pense à la fantastique aventure de Quai 54, manifestation sportivo-culturelle créée il y a six ans par Hammadoune Sidibe. L'opération, sponsorisée par Nike et Michael Jordan, est devenue la référence mondiale du basket de rue, dans l'indifférence générale du monde sportif français, réduit aujourd'hui à quémander des places pour assister aux compétitions !

Une époque désenchantée

Ces belles réussites ne resteront que des exploits isolés si votre génération reste en marge de la politique. Vous devez dire quelque chose à votre temps. Signer votre époque. Exprimer vos aspirations. Ou tout simplement l'idée que vous vous faites de votre temps.

Il y a mille voies pour cela. Il y a l'écriture. Il y a l'art. Il y a l'entreprenariat. Il y a l'engagement associatif et syndical. Il y a aussi la politique. Là où le destin collectif d'un peuple se décide.

Comme tout enfant de ma génération, j'ai cru, un moment, qu'avec l'Europe, la mondialisation et Internet, la politique n'était plus là où les choses se décidaient.

Les plus âgés d'entre vous ont retenu des années Mitterrand qu'après les « lendemains qui chantent », il y eut, en 1983, le tournant de la rigueur. Les pauvres n'étaient plus riches, contrairement à ce que titrait *Libération*, deux années auparavant. En 1989, la chute du Mur de Berlin vous a enseigné l'impasse du communisme. Les cohabitations successives vous ont fait comprendre que droite et gauche n'étaient plus si différentes qu'auparavant. La montée du Front national vous a rendus vigilants. Enfants de la crise et n'ayant connu qu'elle, la poussée continue du chômage vous a appris à jongler avec les emplois. Le sida vous a habitués à vous protéger. Tchernobyl a été votre première prise de conscience écologique. L'écroulement des tours du World Trade Center vous a fait comprendre que notre monde vit désormais sous le feu du terrorisme de masse et qu'il est de nouveau en guerre, en Irak ou en Afghanistan. Et, avec la mondialisation, vous savez que la gouvernance ne s'appréhende pas à partir de la seule scène nationale, ni même européenne. La boucle sera bouclée avec l'effondrement récent de Lehman Brothers et avec lui, d'une certaine idée du capitalisme financier qu'aucune main invisible n'a su contrôler.

C'est dans ce contexte-là – désidéologisé – que je me suis engagée en politique. Avant, c'était simple : on était communiste ou libéral, de gauche ou de droite, pour ou contre la contraception, pour ou contre l'Algérie française. Mais aujourd'hui ? On est à peu près tous pour le développement durable. Tous contre la guerre en Irak. Tous pour l'Etat régulateur. On a même intégré l'idée « gaucho-lepéniste » qu'on pouvait voter Le Pen et ne pas être raciste. Libéraux et socialistes ont, de ce fait, fini par se rapprocher, dans une centralité politique (la social-démocratie, par exemple) qui a fini par brouiller les lignes. J'avais fini par penser que la droite et la gauche, c'était pareil. Cynisme ? Non, réalisme. L'effondrement du socialisme doctrinaire et du capitalisme financier ont eu raison des clivages les plus tranchés.

Une génération courageuse

Nous avons pris acte de la disparition des vérités idéologiques et totalisantes, ou tout au moins de leur révocabilité. Il y a quelque chose à inventer. Un monde nouveau à dessiner. Une promesse. C'est dans cette période charnière que je me situe. Comme vous. Sans doute est-ce pour cela que les observateurs de la vie politique ne parviennent pas à me classer sur l'échiquier politique. Et que l'on me presse régulièrement de choisir mon camp. Avoir ma carte à l'UMP n'a manifestement pas suffi à les convaincre du sens de mon engagement politique.

Certains déplorent que notre génération n'ait plus que le Moi pour horizon. Il n'y aurait que l'individualisme (au sens négatif, d'égoïsme) pour remplacer toutes ces utopies effondrées. Notre génération, estimant que personne ne lui tendra la main et qu'elle ne s'en sortira que par elle-même, serait devenue très individualiste. Même ces réseaux prétendument communautaires du Net n'ont de communautaires que le nom : on est seul derrière son ordinateur. Et au retour de l'apéro géant, on est encore plus seul. Je ne peux que leur donner raison sur ce dernier point. Mais pour le reste, c'est ne rien comprendre à la jeunesse d'aujourd'hui.

La fin des idéologies ne signifie en aucune façon la fin des idéaux, encore moins un quelconque renoncement à l'espérance. L'individualisme ne signifie pas forcément l'égoïsme. Il peut désigner, tout simplement, le succès individuel, ce qui ne nous empêche pas d'être conscients du monde qui nous entoure.

Vous êtes 100 millions de jeunes Européens. Génération Erasmus, ayant grandi dans une Europe libre-échangiste où il est facile de circuler et dans un monde rétréci grâce à Easy Jet et au transport aérien « low cost », rien de ce qui est humain ne vous est étranger. En un clic, on vous retrouve au Nicaragua pour vous mobiliser contre une marée noire. En un vol, vous voici en Argentine pour célébrer le vote d'une loi en faveur du mariage gay. Mobiles et adaptables, vous savez jongler avec les frontières.

Vous n'êtes pas la génération désenchantée que l'on décrit (et décrie). Je dirais plutôt que les difficultés de votre temps, en vous rendant plus réalistes et plus conscients de la société qui vous entoure, vous ont armés pour affronter la politique.

Des jeunes qui partent à l'étranger pour des projets humanitaires ou donnent de leur temps au sein d'associations caritatives, environnementales, sportives ou culturelles, ce sont des engagements tout aussi respectables que l'engagement dans un parti. Ils montrent que les associations et les ONG sont le terrain de prédilection de la jeunesse pour entreprendre au profit de la collectivité. Ce n'est pas le champ politique que vous avez déserté. Seulement la classe politique. Vous n'êtes pas dégoûtés par la politique mais vous voulez faire de la politique autrement. Vous avez su vous autonomiser de ce monde désenchanté pour renouer avec elle, de manière inventive. Vous n'êtes donc pas dépolitisés. Vous êtes même 67 % à vous y intéresser, alors qu'en 1978 vous étiez seulement 48 % dans ce cas.

Beaucoup d'entre vous êtes suffisamment perspicaces pour comprendre que ce monde qui se fait politiquement sans vous se fera contre vous. Des jeunes de quartiers qui prennent la parole au sein du Bondy blog au lieu de la subir, produisent eux-mêmes leur propre information et prennent ce petit pouvoir qui est d'écrire un article, de le publier, de le voir être commenté. Génération précaire, Jeudi noir, les Enfants de Don Quichotte, France à venir, le Club XXIe siècle, Averroès, les mouvements altermondialistes, les organisations non gouvernementales écologistes, les organisations de défense des mal-logés ou des sans-papiers, les associations de jeunes agriculteurs sont autant de formes d'engagement qui renouvellent tant les contenus politiques que les modalités de l'action collective.

*La politique,
c'est comme les discothèques.
On laisse d'abord entrer les habitués*

On comprend. En France, sauf à rester au Mouvement des Jeunes Socialistes et aux Jeunes pop jusqu'à l'âge limite prévu, il faut être âgé pour faire de la politique. Tout se passe comme si notre pays était incapable de former ses futures élites dirigeantes et rien n'était préparé pour assurer une transmission. Eh oui, la politique, c'est comme les discothèques, on laisse d'abord entrer les habitués.

Lorsqu'elle y entre, « la jeunesse fait l'objet de commentaires souvent critiques. Tout se passe comme si elle était assignée, sinon à un soupçon généralisé, en tout cas à un examen de passage, avant d'être adoubée et confirmée dans sa légitimité d'acteur politique responsable[1] ».

D'ailleurs, les quadras se préparent pour

---

1. Anne Muxel, *Avoir 20 ans en politique*, Seuil, 2010.

l'élection présidentielle de… 2017, quand, à leur âge, Barack Obama était déjà Président des Etats-Unis. L'Espagnol José Maria Aznar ou l'Anglais Tony Blair étaient quinquagénaires au moment de leur retraite. N'étant plus le parti des jeunes depuis longtemps, le Parti socialiste continue de présenter ses quadragénaires voire ses quinquagénaires comme de « jeunes lions ». Ils étaient censés prendre le pouvoir dès 2012. Leur parti leur avait même confié le soin d'organiser les primaires de la prochaine présidentielle, autant dire la clé de l'avenir. Ils avaient montré leurs muscles. Ils avaient grondé. Ils avaient annoncé que leur temps était enfin venu. Ils ont piteusement fini par se ranger derrière les éléphants, ceux qui étaient ministres il y a quinze ans et qui se préparent à être candidats en 2012 !

Si être quadragénaire en politique est un véritable parcours de Fort Boyard, alors y être trentenaire, je vous laisse imaginer ! Pour le Président de la République, qui avait donné leur chance à des jeunes, en les nommant dans son gouvernement, la jeunesse ne pose aucun problème. Au contraire, pour avoir été

élu maire à 28 ans, il comprend plus que qui-
conque l'importance de mettre des jeunes en
situation de responsabilité. Mais les observateurs ont du mal à s'en remettre. Un peu
comme vous sur le marché du travail où
votre période d'essai se prolonge, il y a, dans
le milieu médiatique, une part de bizutage
dont il vaut mieux que vous soyez prévenus.

En ce qui me concerne, à mon arrivée, tout
y est passé : « Construis tes réseaux. Crée ton
courant. Evite la grosse tête et de dire ce que
tu penses (dans l'esprit de beaucoup, les deux
sont liés). » Bref, j'ai fini par penser qu'il
était moins compliqué d'être noire que d'être
jeune en politique. Sans doute était-ce normal qu'on conseillât ainsi l'objet non identi-
fié que j'étais. J'avais beau dire que, par mon
parcours scolaire, je n'étais pas différente des
autres, que (incongruité !) je faisais partie du
système, voire que j'en étais l'incarnation.
Rien n'y faisait. J'ai pris le parti de m'en
amuser. A la manière du Huron de Voltaire
ou peut-être de Baudelaire qui disait que le
dandysme, c'est toujours étonner et ne
jamais être étonné. Alors, malgré moi, je

continuais à étonner mais rien ne m'étonna jamais. Je me concentrai sur mon travail. On me taxa alors d'arrogante.

Ah ! cette jeunesse insolente et goguenarde ! Oui, parce que, lorsque vous devenez ministre à 30 ans, vous êtes nécessairement insolents et goguenards ! Et, là, je n'étais pas au bout de mes peines. On fit des calculs savants pour découvrir que, sous la Ve République, il n'y eut pas de ministre plus jeune. Peut-être François Baroin, osais-je ? On me demanda si tout cela ne me faisait pas gonfler la tête. A moins que ce ne fût les chevilles. Oui, parce qu'avec tout ça il ne pouvait pas en être autrement. Alors, on mit sur le compte de l'erreur de jeunesse la moindre expression de conviction. On dit que j'ignorais les codes de la politique. On me pria de me faire élire fissa, bref que je réalise en deux ans ce qui se fait, si on a de la chance, en au moins une décennie. En étant secrétaire d'Etat aux Droits de l'homme, il m'avait semblé naturel de défendre la cause des opprimés. On y décela de l'insolence voire de la révolte, ou, pour les plus indulgents, de la passion. Parce que, c'est bien connu, le jeune, ça ne pense pas : ça se révolte. Ou ça agit selon ses instincts. Il veut tout, tout de suite. Lorsque le gouvernement exprimait son agacement, tel journaliste parla de punition à mon encontre. Evoqua-t-on ce mot de punition lorsque Jean-Pierre Chevènement exprima sa position sur la guerre en Irak ? Non, me répliquait-on doctement, il a démissionné, lui. Alors, certes. On considéra donc que ma non-démission s'expliquait par mon immaturité. J'aurais souhaité qu'on perçût la combativité ou la fidélité à l'esprit de ma mission.

Participer à quelque chose de plus grand que soi

Vous êtes prévenus. Ce n'est pas une raison pour rester les bras ballants.

Donc, leçon n° 1 : avant de vous engager, ayez un métier. Cela vous évitera de passer pour un de ces apparatchiks que vous fustigez, et de devoir vivre de (et non pour) la politique.

Leçon n° 2 : ne pas flancher au premier coup de bambou. Parce que vous comprenez, si vous flanchez, tout le monde se dira : « On vous l'avait dit, ces jeunes sont fragiles. Vous voyez pourquoi on ne leur a pas fait de place jusqu'ici ? » Que vous ayez 30 ans ou 60 ans, vous serez confrontés aux mêmes épreuves. Il en est ainsi en politique. On ne vous épargnera rien sous prétexte que vous êtes jeunes. Surtout, ne pas s'en plaindre (pour ne pas mettre le souk dans votre camp) ni même s'en étonner... Baudelaire, sinon rien.

Leçon n° 3 : bien que jeune, ne cédez surtout pas aux stylistes branchés qui vous tombent dessus pour vous habiller ou vous maquiller. Il en va de votre crédibilité. Un magazine féminin vous qualifiera sans doute d'éternelle étudiante, sous prétexte que vous vous habillez chez Zara ou H & M. Mais ce sera toujours mieux que d'être considéré comme bling bling... Evitez tout de même le jeans. Y compris aux Universités d'été du parti. Sur un jeune (surtout une fille), ça ne pardonne pas. Croyez-moi, ce ne sont pas des détails (pensez à Ségolène Royal, ex-candidate à l'élection présidentielle de 2007 dont les tenues sont systématiquement commentées...).

Leçon n° 4 : ne pas toujours croire ce que disent les médias (tout en résistant à l'envie de pendre certains journalistes) et l'épargner autant que possible à vos proches, qui, eux, croient toujours, vous verrez, ce qui est écrit...

Leçon n° 5 : ce n'est pas parce que vous venez de banlieue ou que vous êtes noir ou arabe, donc promu au titre de la discrimination positive (forcément...), que vous devrez parler « djeun's ». Ça fera marrer le bourgeois. On vous félicitera sans doute pour votre fraîcheur. Mais on rira sous cape et même les jeunes de banlieue ne se reconnaîtront pas en vous, contrairement à ce que vous pensez.

Bon, après ça, à vous de vous débrouiller pour vous faire élire dans un bastion, mais il y a des chances qu'on vous réponde que vous devez passer votre bac d'abord (pardon, faire vos preuves). Vous pouvez aussi nourrir une certaine ambition, mais ne le dites pas, sinon vous devenez une cible. Essayez d'avoir quelques alliés, sans vous faire d'illusions toutefois, car il est possible que quelqu'un de désabusé vous dise que les alliances sont soumises aussi aux circonstances. Pour les convictions, sachez que les journalistes vous rappelleront très vite, que, hein, toute vérité n'est pas bonne à dire, tout en déplorant la langue de bois des politiques. Allez comprendre !

Plus sérieusement, peu importent les commentaires sur l'accessoire auquel on voudrait vous réduire. L'essentiel est de garder son cap, éprouver sa compétence et faire progresser, autant que possible, les projets pour lesquels vous vous êtes engagés. Vous verrez vite, comme le disait Philippe Séguin, que la politique, c'est aussi l'art de combattre l'impuissance. Mais des marges existent.

En tant que secrétaire d'Etat chargée des Sports, j'ai fait en sorte qu'au-delà des contraintes budgétaires la France puisse accueillir l'Euro de football, construire de grands équipements olympiques ou encore améliorer la situation des millions de bénévoles dans le sport. Lorsque j'étais secrétaire d'Etat aux Droits de l'homme, rappelez-vous, pas un jour ne passait sans que la presse ne m'opposât ce gros mot de « *Realpolitik* ». Cette contrainte ne m'a pas empêchée d'effectuer des centaines d'interventions individuelles en faveur de celles et ceux dont les droits étaient bafoués : les femmes victimes de viols de guerre, les enfants-soldats, les homosexuels condamnés à mort, les prisonniers d'opinion.

Comme vous le voyez, une fois les obstacles levés, la politique, c'est le bonheur de participer à quelque chose de plus grand que soi. C'est l'honneur de voir la France de très près (d'un club de sport) et de très loin (de la tribune des Nations unies) et de toujours l'aimer un peu plus. C'est la satisfaction de prendre part à la destinée du pays, aussi modestes que soient nos actions. C'est renouer avec l'idée que l'Etat peut encore agir. Qu'il n'y a pas de fatalité. Ni pour soi. Ni pour le pays.

Devenir les arbitres de la démocratie

Encore faut-il que vous vous exprimiez. Dans notre démocratie, l'expression des aspirations n'a d'efficacité collective que par le vote.

Le premier de vos engagements doit par conséquent être citoyen et suppose donc de réinvestir les valeurs du civisme. Vous voulez des gouvernements exemplaires ? Il faut aussi des citoyens exemplaires. Vous appréciez la démocratie ? Elle ne vit que du vote, y compris du vôtre. Pensez à ceux qui, dans le monde, en sont privés. Pensez qu'il y a encore soixante ans, les femmes de notre pays n'avaient pas le droit de voter. Aucun parti ne correspond à vos idées « à vous » ? Vous n'en trouverez pas. En politique, comme le disait Raymond Aron, le choix n'est pas entre le bien et le mal, mais entre le détestable et le préférable. D'ailleurs, c'est sans doute pour cela qu'au sein des grands partis politiques, il existe différents courants : à droite, des libéraux cohabitent avec des gaullistes ; des démocrates-chrétiens coexistent avec des laïcs. A gauche, des écuries incarnent des tendances plus ou moins interventionnistes, plus ou moins sécuritaires, fédéralistes ou souverainistes. Au sein des partis, les débats permettent, au final, de définir une ligne qui a vocation à évoluer en fonction de l'influence des tendances et des personnalités.

En ce qui me concerne, au sein de mon parti, je me reconnais dans certaines valeurs et certains choix politiques, d'autres moins. Ce n'est pas un drame (enfin, je crois...) et cela ne m'a pas empêchée d'adhérer à l'UMP et quelquefois même d'y exprimer ma petite musique (je reconnais que l'équilibre est très subtil...). Les dirigeants du parti le savent. Le Président de la République le sait également. Cela ne l'a pas découragé de nommer autour de lui des personnes qui, parce qu'elles avaient des parcours différents, ne pouvaient que voir les choses différemment. A moins d'être dans une caserne. Il y a vu un gage d'enrichissement du débat, une condition pour rassembler le plus largement possible et créer le consensus autour des réformes fondamentales pour notre pays. Si vraiment c'est trop pour vous, alors, créez votre propre parti ou… micro-parti ; à l'image de ces jeunes des cités, qui, à la suite des émeutes de 2005, ont préféré ne pas attendre les politiques, ni exprimer leur colère, par l'autodestruction, en créant leur propre parti citoyen. Alors, les autres organisations collectives comme les syndicats, salariés et patronaux, qui ne prennent pas en compte vos aspirations, comprendront qu'il est temps qu'elles s'ouvrent, enfin, à vous, jeunes actifs ou jeunes entrepreneurs.

Trouvez les voies d'une refondation de la théorie démocratique. Renouvelez-en les politiques par la démocratie participative ou la démocratie délibérative. Le droit de vote ne suffit pas à faire un citoyen : vous devez aussi être en mesure de vous forger un avis informé, essayer de persuader les autres, et vous laisser persuader par eux. Dans cette démocratie à construire, la parole n'a pas à être réservée aux élus ou aux experts. D'autres manières de raconter le monde existent.

Devenez à votre tour les arbitres de la démocratie. Arbitrer ne signifie pas seulement choisir un parti ou en éliminer un autre. Arbitrer, c'est aussi proposer une direction au pays.

Quel projet politique pour notre génération ?

En quoi croire ? En quelle force collective ? Où sont les concepts susceptibles de penser l'émancipation de l'homme et la transformation sociale ? Quels sont les énoncés du projet politique de notre génération ? Sur quoi fonder la jeunesse d'aujourd'hui ? Personne ne peut durablement supporter de vivre dans une société à laquelle il ne comprend rien. Tel est le défi de notre jeunesse politique. Notre pays a besoin de sens.

On nous parle d'Internet, ce laboratoire politique où la parole se prend sans demander. Il est vrai que vous avez su vous affranchir des méthodes traditionnelles de la politique. Internet, cette démocratie rêvée, vous a donné les moyens d'une exceptionnelle réactivité. Vous avez grandi avec toutes ses applications : moteurs de recherche, espaces collaboratifs (wikis), chats, réseaux sociaux (Facebook, MySpace), réseaux professionnels (LinkedIn). L'attitude des générations précédentes était passive face aux médias de masse. L'avènement du 2.0 vous permet d'interagir avec l'information par vos commentaires, le partage de vos photos et la création de blogs ou de profils. Politiquement, vous avez pu en tirer une certaine efficacité. Ce sont les jeunes Américains qui l'ont optimisé au profit du candidat démocrate, Barack Obama, lors de l'élection présidentielle de 2008. A 69 %, ils ont voté pour lui. Ils ont indiscutablement eu une large part dans son élection à la présidence des Etats-Unis.

Prenons tout de même en compte un fait important : ni Facebook ni YouTube ni Dailymotion n'ont suffi à faire émerger une jeunesse politique autour de Barack Obama.

Ils n'ont été que des outils. Pour preuve : jamais le porte-à-porte n'a été autant utilisé que pendant cette campagne. Les jeunes Américains, qui se sont tant mobilisés lors de l'élection présidentielle américaine de 2008, avaient pour référence Obama[1]. C'est lui, et non Internet, qui a été la force mobilisatrice, à un moment donné de l'histoire des Etats-Unis. Au-delà de la figure moderne et porteuse d'espérance de Barack Obama, ces jeunes se sont, plus fondamentalement, appuyés sur ce qui a toujours fait sens dans l'Amérique éternelle : comme tout Américain, ils conservent l'idée que Dieu et la Patrie sont les références fondatrices de leur pays. Bien que la religion et l'Etat soient officiellement séparés depuis le XVIIIe siècle, Dieu figure sur la monnaie (« En Dieu nous croyons ») ; les Présidents prêtent serment sur la Bible et terminent leurs discours par « Que Dieu bénisse l'Amérique ». Quant à la Patrie, il suffit de voir flotter le drapeau américain aux fenêtres

---

1. Barack Obama, *La Promesse de l'Amérique*, Buchet-Chastel, 2009.

des maisons pour comprendre que cette notion est plus que sacrée, naturelle, en Amérique, y compris dans le cœur des immigrés les plus récents.

Et nous ?

Un Obama possible en France ?

Un Obama ? Si, aux Etats-Unis, un sportif autrichien peut devenir gouverneur ou un fils de Kényan Président après seulement quatre ans de vie politique, chez nous, le système n'autorise que les carrières très longues et, de préférence, éprouvantes. Pour être « en situation », selon l'expression consacrée, il faut le vouloir depuis tout petit, être travailleur et patient. Rien n'est laissé au hasard.

Tout au long de la Ve République, nos six Présidents successifs ont tous eu, à quelques détails près, le même parcours épique, fait de victoires éclatantes, de claques magistrales, de combats homériques, de cruelles traversées du désert, de retours triomphaux. Après avoir démarré leur vie politique à 20 ans sous le haut patronage d'un ténor, diplômés d'une grande école, ils entament le long parcours de l'élu local, d'abord, sur un scrutin de liste, en tant que conseiller municipal ou régional. A la trentaine, profitant d'une vague majoritaire, ils deviennent député ou maire. Ou les deux. Puis, ministre. L'alternance a, ensuite, sonné les débuts d'une traversée du désert pendant laquelle ils ont publié un livre pour dire leurs souffrances (trahisons des amis politiques, défaite électorale majeure, passé douloureux, etc). De retour sur le devant de la scène et mus par une irrépressible envie de revanche, ils se mettent en tête de prendre la direction de leur parti, seul moyen de conquérir le pouvoir. Au terme d'une bataille fratricide, ils deviennent leur propre patron. Ils commencent alors à penser à la présidentielle. Nouveau livre. Pour exposer le programme. Les Français, qui, hier, les avaient rejetés, commencent à les regarder autrement. Après trente ans de vie politique, couturés de partout, ils ont partagé les bons comme les mauvais moments de leur peuple. Après des semaines de suspense, ils finissent par déclarer leur candidature. Epuisés.

Ne comptons donc pas trop sur un quelconque raid obamesque en France. En revanche, l'interdiction du cumul des mandats, clairement affirmée, voilà une respiration qui serait salutaire à notre démocratie pour qu'enfin cesse ce phénomène qui empêche les jeunes, préposés au collage d'affiches, d'être investis par les partis.

« L'État chez lui, l'Église chez elle »

La religion ? A part dans la sphère privée, la religion n'est pas le socle de notre République. On est en France, terre de laïcité : « L'Etat chez lui, l'Eglise chez elle ! » enjoignait Victor Hugo.

Chez nous, en vertu de la loi du 9 décembre 1905 de séparation de l'Eglise et de l'Etat, les religions ne commandent pas les affaires publiques et l'Etat ne s'adosse à aucune religion. L'article 1er de notre Constitution est clair : « La France est une République indivisible, laïque, démocratique et sociale. Elle assure l'égalité devant la loi de tous les citoyens sans distinction d'origine, de race ou de religion. Elle respecte toutes les croyances. » La laïcité est à la fois le garant de la diversité des hommes et le vecteur du vivre-ensemble. Elle assure à tous la liberté de conscience et l'égalité de droits de tous les hommes sans distinction de croyance. Ce sont des combats anticléricaux et multiséculaires qui ont fait notre République et fondé son pacte.

A l'inverse des Etats-Unis, ce n'est donc pas la religion, mais la laïcité qui doit continuer à inspirer notre République, y compris les jeunes Français.

La Patrie pour horizon

Quant à la Patrie, on sait à quel point son crédit doit être restauré, y compris par ceux qui se sentent insuffisamment protégés par elle. Si les gouvernants ont l'obligation de créer les conditions propices à l'épanouissement de vos droits, cet engagement ne va pas sans la contrepartie de vos devoirs à l'égard de la France. Elle reste votre héritage, votre foyer, votre horizon.

La Patrie n'est pas un gros mot. Ses symboles sont sacrés, qu'il s'agisse de son drapeau, de son hymne, de sa mairie, de son monument aux morts, de sa devise. Je parle du respect que vous lui devez. Il n'est pas ringard d'aimer son pays. Je parle de l'investissement qu'il nécessite de votre part. Il n'est pas réactionnaire de vouloir le servir.

Vous tenez entre vos mains une part du succès de notre pays. C'est vous qui lui rendrez cet élan vital par lequel elle continuera à participer à la transformation du monde. En ce sens, être Français, c'est une chance mais aussi une charge.

Pour ceux d'entre vous qui le revendiquent, aimer la France ne signifie pas oublier vos origines. La France est un vieux pays. Elle a une histoire, une langue, une culture, des valeurs avec lesquelles les Français entretiennent un rapport d'émotion familière. Miracle de l'histoire et de la géographie, elle n'a jamais oublié ni ses clochers, ni ses coutumes. Le brassage culturel n'a rien changé au fait que les Français se réclament toujours de leurs vallées et de leurs villages. La France des origines continue à percer sous la France de la diversité. Même laïque et urbaine, elle respire, aux rythmes d'une tradition chrétienne et rurale. Tout cela est vrai. Tout cela se respecte.

Mais parce que la France est républicaine, il n'y a nulle tyrannie dans cet héritage. La France est *aussi* un projet auquel on se lie, non par le sang, mais par l'adhésion. Vous n'êtes ni son premier défi ni son dernier. Notre nation n'a jamais cessé de se bâtir, de grandir, de s'assembler, fédérant des provinces rebelles, orchestrant des religions aux cultes multiples, recevant des vagues d'immigrants aux cultures variées. Par la loi, par la langue, par le prix du sang et par la flamme de la mémoire, sous l'empreinte enfin d'une République démocratique et laïque, l'identité française s'est construite patiemment. Nous sommes les héritiers de ce jeu d'équilibre toujours recommencé et de cette synthèse active que le général de Gaulle appelait « une certaine idée de la France ». Une culture qui, depuis des siècles, oppose l'universalité de ses valeurs au déterminisme des racines ne devrait donc avoir aucun mal à accepter les origines multiples, pourvu que la volonté de vivre ensemble l'emporte. Car, être français, c'est être ensemble. Le voulez-vous ?

La **Marseillaise** *sifflée.*
Et maintenant ?

A entendre certains d'entre vous siffler la *Marseillaise*, je m'interroge. Qu'avez-vous voulu dire ? Que vous ne voulez pas tout accepter de la France, ni la précarité, ni son histoire dont vous n'avez retenu que la partie la plus sombre et que, quelque part, son hymne représente ? Esclaves avant-hier, colonisés hier, discriminés aujourd'hui. Pour vous, tout s'explique. Vous en avez tiré une certaine amertume, d'autant plus forte qu'en classe, on ne s'attarde pas trop sur ces événements-là. En sifflant cet hymne, vous avez traumatisé durablement le pays et vous nous avez fait reculer de plusieurs cases. Franchement, pour quel résultat ? Vous avez pris le risque de laisser la nation aux mains des tenants du repli national et de la mélancolie française.

Certes, la France a commis de grandes fautes. Je suis bien placée pour le savoir. Je suis née et ai passé ma prime enfance dans un pays saigné par l'esclavage et colonisé par une France qui avait déclaré, un jour de 1789, que « les hommes naissent libres et égaux en droit ». Et pas seulement sur les rives de la Seine ou de la Tamise, à Berlin ou à Madrid. Comment aimer un pays qui versa le sang de 60 000 tirailleurs dans ses guerres tout au long du siècle dernier, pour ensuite leur dire qu'on ne pouvait leur verser une pension identique à celle de leurs frères d'armes de métropole, quand on n'a simplement pas fusillé ceux qui osaient réclamer ? C'est en Afrique subsaharienne qu'après la défaite de 1940, le général de Gaulle a fini par trouver l'énergie pour continuer le combat de la France libre et remporter, grâce à une armée constituée majoritairement d'Africains, les premières victoires françaises. L'esclavage et la colonisation n'ont, pour moi, jamais eu un rôle positif.

Oui, l'école s'est trompée en ignorant longtemps cette histoire, ne parlant ainsi qu'à une partie de la jeunesse. Oui, je comprends que l'autre partie de la jeunesse ait voulu se battre pour la décristallisation des pensions. Elle a trouvé à ses côtés les anciens combattants français. Oui, elle a eu raison de plaider pour l'adoption de la loi reconnaissant l'esclavage comme crime contre l'humanité. Ce faisant, elle ne demandait pas aux Français d'aujourd'hui de se repentir des fautes des Français d'hier. Elle recherchait seulement la tranquillité d'être français, comme je l'ai, au final, expérimenté, ce 10 mai 2006, aux côtés de... Jacques Chirac, cette fois généreux et compréhensif, pour le premier hommage aux victimes de l'esclavage au Jardin du Luxembourg.

J'avais cette histoire en tête lorsqu'à l'âge de 21 ans je m'apprêtais à devenir française. Cela n'avait rien d'une formalité : je me suis demandé si cela supposait d'endosser « aussi » la part sombre de l'histoire de France. J'ai décidé de tout endosser : la Révolution française, les Lumières, la Commune, la Résistance, Voltaire, Rimbaud, Hugo, de Gaulle, mais aussi le fardeau de l'esclavage et de la colonisation. Pourquoi ? Parce que haïr la France revenait à me haïr moi-même. Parce qu'avant d'en avoir le passeport j'étais déjà française. Parce que la France m'a beaucoup donné. Parce que j'ai étudié dans les livres pour comprendre les sources de cette tension potentiellement ardente entre mon pays d'origine et mon pays d'adoption. J'ai cherché des passerelles entre l'histoire de France et mon histoire particulière. Et j'ai trouvé.

Bâtir une mémoire commune

Nous sommes le 17 juin 1940 à Chartres, dans le département d'Eure-et-Loir. Les Allemands veulent imputer aux tirailleurs la responsabilité des massacres commis sur des civils français, en réalité victimes de bombardements allemands. Ils demandent à Jean Moulin, alors préfet, de reconnaître cette accusation en signant le protocole selon lequel des femmes et des enfants français ont été massacrés, après avoir été violés. « Ce sont vos troupes noires, dit le document nazi, qui ont commis ces crimes dont la France portera la honte. » La réponse de Moulin est sans ambiguïté : « Nos tirailleurs sont incapables de commettre une mauvaise action contre des populations civiles et moins encore les crimes dont vous les accusez. » Torturé pendant sept heures, le futur chef de la Résistance ne signe pas le protocole. Sous la pression, il saisit un débris de verre et tente de se suicider en se tranchant la gorge. Pour ne pas abdiquer. Dans *Premier combat*, il raconte : « Je ne veux pas être complice de cette monstrueuse machination qui n'a pu être conçue que par des sadiques en délire. » Moulin gardera de cette tentative de suicide une cicatrice dissimulée sous sa célèbre écharpe.

A l'heure où l'on s'interroge sur le sens à donner à notre nation, je veux, à travers ce récit, vous dire, jeunes gens, que ce qui nous rassemble est plus important que ce qui nous sépare. Vous dire que des hommes venus d'ailleurs ont un jour aimé ce pays jusqu'à mourir pour lui. Que de grands Français ont voulu, à leur tour, mourir pour les défendre. Sublime message de patriotisme. Magnifique dépêche qui nous rappelle pourquoi nous vivons ensemble. Fantastique mémoire dans laquelle nous pouvons puiser la force de nous retrouver. Elle ne divise pas toujours, la mémoire. Il n'y a pas toujours, d'un côté, les méchants Français, et de l'autre, les gentils Africains.

L'histoire regorge de ces récits fraternels dans lesquels les professeurs pourraient utilement puiser, sans craindre une émeute dans leur classe. Il est même possible que la discrimination positive apparaisse, soudainement, moins urgente.

Vous le voyez. La France n'est pas n'importe quel pays. Ni dans le monde. Ni au sein de l'Europe. Le maintien de son rang est le combat de chaque génération. C'est de la fierté d'être français que vous tirerez la force d'ajouter un chapitre au roman national. C'est la fierté d'être français qui vous donnera la force d'écrire votre propre histoire. Si la France, telle qu'elle se construit, ne vous convient pas, surtout ne la quittez pas, changez-la en vous mobilisant et en vous engageant.

La France est votre pays : vous n'en avez pas d'autre, même si vos parents sont venus d'ailleurs. Rester un simple Beur ou un simple Black ne mène à rien. Accepter d'être ainsi appelé, c'est consentir à sa propre humiliation. Ces différentes appellations heurtent profondément la républicaine que je suis et qui considère qu'il n'y a pas, d'un côté, des Français « canal historique » et, de l'autre, des Français issus de l'immigration ; mais des Français tout court.

Français tout court

Comme, hier, le résistant et le tirailleur ont su établir entre eux une passerelle de fraternité, vous devez, à votre tour, faire bloc. Ne tombez pas dans le piège de ceux qui veulent établir une concurrence entre vous, voyant en vous une génération éclatée entre les jeunes des cités issus de l'immigration, les jeunes étudiants, les jeunes au travail ou encore les jeunes ruraux. Quels que soient les territoires d'où vous venez, vos aspirations sont les mêmes : la citoyenneté, le logement, la formation, l'accès à l'emploi et la prise de responsabilités publiques.

N'écoutez pas non plus ceux qui veulent opposer les supposés jeunes progressistes et les supposés jeunes conservateurs. A l'exception d'une frange radicale, que vous soyez un jeune de droite ou de gauche, vous êtes bien plus tolérants que nos aînés et bien plus attachés à la démocratie ou aux droits des personnes.

Vous avez tout pour « faire génération », dans une France dont vous êtes désormais les dépositaires. Le général de Gaulle, dans ses *Mémoires d'espoir*, disait que tel ou tel peut bien dire qu'il n'y a rien à attendre des jeunes Français, et surtout pas de grands élans collectifs et que, par conséquent, le régime qu'il vous faut est celui de l'immobilisme, de l'astuce, de la somnolence. Mais vous autres, innombrables et enthousiastes, vous prouvez le contraire. Moi, ce que je vois, c'est une jeunesse pleine de ressort, prête à marcher avec confiance vers son destin, à condition qu'elle y soit conduite. A défaut, qu'elle y aille.

*

Jeunes gens, j'ai abusé de votre attention depuis assez longtemps. J'ai essayé de vous dire qu'il y a de bonnes cartes pour l'avenir et qu'elles dépendent essentiellement de vous. Toute jeunesse a besoin de croire qu'elle peut transformer le monde.

Cette conviction profonde, je ne la tiens pas seulement de ma foi en l'idéal républicain et de l'émouvante prière de Michel-Ange : « Seigneur, accordez-moi la grâce de toujours désirer plus que je ne peux accomplir. »

Je la tiens aussi de mon histoire. Une histoire française. Celle d'une enfant née au Sénégal qui a rêvé la France avant d'en fouler le sol. Celle d'une enfant qui n'a eu que l'école

128

républicaine pour s'élever, la persévérance de ses parents pour croire en la récompense par l'effort et la foi de ses professeurs pour comprendre que, par le travail, peut s'accomplir le mérite. Au regard des difficultés que vous affrontez, j'ai conscience d'être passée entre les gouttes, parce qu'une mère tenace, un professeur confiant, une responsable associative bienveillante, un préfet compréhensif ont su me tendre la main au bon moment.

Il vous faut nourrir l'envie de vous dépasser. D'aller au-delà de vous-mêmes. De faire quelque chose de votre existence. Le monde tel qu'il est n'appartient déjà plus à vos pères. Voilà pourquoi je ne vous plains pas d'être jeunes. Il vous faut diriger votre regard plus loin que les obstacles quotidiens, vers ces horizons qui sont, en vérité, les vôtres. Il vous faut être au rendez-vous de la France.

BIBLIOGRAPHIE

Avoir 20 ans en politique, Anne Muxel, Seuil, 2010.

Comment les jeunes voient leur avenir, enquête mondiale, L'Express, 2008.

Les Classes moyennes à la dérive, Louis Chauvel, Seuil, 2006.

Le Déclassement, Camille Peugny, Grasset, Coll. Mondes Vécus, 2009.

Les Gars du coin, enquête sur une jeunesse rurale, Nicolas Renahy, La Découverte, 2010.

Les jeunes Français ont-ils raison d'avoir peur ? Olivier Galland, Armand Colin, 2009.

Les Jeunesses face à leur avenir, une enquête internationale, Fondation pour l'innovation politique, 2008.

La Mesure du déclassement, Marine Boisson, La Documentation française, 2009.

Les Places et les chances, repenser la justice sociale, François Dubet, Seuil, 2010.

Mémoires d'espoir, Charles de Gaulle, Plon, 1970.

La Promesse de l'Amérique, Barack Obama, Buchet-Chastel, 2009.

Parce que ça nous plaît, l'invention de la jeunesse, François Bégaudeau & Joy Sorman, Larousse, 2010.

Rapport d'information du Sénat sur la politique en faveur des jeunes, Christian Demuynck, 2009.

Reconnaître la valeur de la jeunesse, Livre Vert de la Commission de concertation sur la politique de la jeunesse, 2009.

Tireurs d'élites, Jean-Paul Brighelli, Plon-Jean-Claude Gawsewitch, 2010.

Traité à l'usage de mes potes de droite qui ont du mal à kiffer la France de Diam's, Matthieu Grimpret, Anne Carrière, 2008.

Dans la même collection

Composé par Nord Compo Multimédia
7, rue de Fives, 59650 Villeneuve-d'Ascq